直播运营一本通

教你从主播修炼、平台运营到商业获利

富爱直播　陈楠华　李格华　编著

化学工业出版社
·北京·

内容简介

《直播运营一本通：从主播修炼、平台运营到商业获利》包括直播准备、直播内容、形象打造、技能培养、直播话术、直播文案、直播平台、吸粉引流、活动策划、直播带货、直播运营、流量变现等内容，帮助新人主播用最短的时间熟悉直播行业各方面的知识，成长为一名成熟、成功的主播！

本书不仅适合对直播、主播感兴趣的个人，也适合作为直播、MCN机构的培训教材，还适合作为大中专院校的辅助教材，特别是与直播有关的新闻、新媒体、自媒体专业。

图书在版编目（CIP）数据

直播运营一本通：教你从主播修炼、平台运营到商业获利/富爱直播，陈楠华，李格华编著．—北京：化学工业出版社，2021.1（2025.4重印）
ISBN 978-7-122-37892-7

Ⅰ.①直⋯ Ⅱ.①富⋯②陈⋯③李⋯ Ⅲ.①网络营销 Ⅳ.①F713.365.2

中国版本图书馆CIP数据核字（2020）第194364号

责任编辑：刘　丹　　　　　　　　　　装帧设计：王晓宇
责任校对：王素芹

出版发行：化学工业出版社（北京市东城区青年湖南街13号　邮政编码100011）
印　　装：涿州市般润文化传播有限公司
710mm×1000mm　1/16　印张14　字数264千字　2025年4月北京第1版第6次印刷

购书咨询：010-64518888　　　　　　　　售后服务：010-64518899
网　　址：http://www.cip.com.cn

凡购买本书，如有缺损质量问题，本社销售中心负责调换。

定　　价：59.00元　　　　　　　　　　　　　　版权所有　违者必究

运营才是真正的核心与竞争优势

2020年7月6日，人力资源和社会保障部联合国家市场监督管理总局、国家统计局发布了9个新职业，其中就包括"直播销售员"。7月15日，国家发展和改革委员会等13部门联合发布支持网络直播等多样化的自主就业与分时就业。2020年第一季度，直播行业人才需求同比增长1.3倍，直播行业的逆势崛起迅速形成了巨大的人才缺口，相关岗位人才需求直线上升。

在政策引导与人才匮乏的驱动下，谁能跟上趋势，谁就能在风口上把握住不可多得的机遇，谁就有可能获得新的发展空间。我们可以大胆预测，直播将会加速大众创业、万众创新的多元化发展。

直播带货不仅可以提高企业的营收，提升人们对品牌的认知度，还能缩减企业的运营成本，增加从业者的个性化收益。虽然直播是未来趋势，但不是人人都能实现直播带货。目前，不同规模的直播基地在全国各地陆续建设，各直播基地必须结合地缘价值与团队优势做精准定位，尤其要注意对内容的正向要求及价值的有效吸收。

比如笔者指导的全国网络直播（云南）运营基地就定位为民族文化传承，在弘扬民族文化的前提下带货文化衍生品。全国网络直播（湖北）运营基地定位为数字农贸，积极延展湖北农副产品的营销渠道。全国网络直播（四川）运营基地则巧妙地定位为乡村振兴，与高校展开课题研究，与基层政府联合梳理乡村振兴方案，着力构建兼具独特优势的乡村振兴平台。

　　这些直播基地好像与风口上的直播带货没什么直接关联，但是细细琢磨，我们会更加清晰地发现，无论是直播基础教育与人才培养，还是直播供应链与直播产业链，又或者是网红创业与直播就业。最终呈现的是直播带货这一商业行为，没有周全的运营过程，直播带货就无法形成常态化效应，企业扩产增效也就难以实现。

　　直播带货需要分门别类地进行量化思考，要在产业链中发掘自身优势，用企业化运营推动直播系统工程的建设。任何人想要迈上主播创业之路，不仅要关心粉丝的积累、直播的技巧，还必须学会运营，尤其有关人、货、场的基础运营，这对主播个性化的成长与品牌的建立都意义非凡！

　　希望本书能给各位对直播感兴趣的读者带来帮助。由于笔者学识所限，疏漏之处在所难免，恳请读者批评指正。

编著者

目录

第1章
14项准备：揭秘直播的准备工作 / 001

1.1 直播间的设备准备 / 002
- 1.1.1 直播的摄像头选择 / 002
- 1.1.2 直播间的灯光效果 / 003
- 1.1.3 直播间的声卡选购 / 005
- 1.1.4 直播间麦克风选择 / 007
- 1.1.5 电脑和手机的选购 / 009
- 1.1.6 直播间的其他设备 / 012
- 1.1.7 直播间的装修布置 / 013

1.2 直播间的预告设置 / 016
- 1.2.1 直播时间的预告准备 / 017
- 1.2.2 直播封面的预告准备 / 017
- 1.2.3 直播标题的预告准备 / 018
- 1.2.4 直播标签的设置分类 / 020
- 1.2.5 直播产品的选择技巧 / 021

1.3 直播间的运营准备 / 021
- 1.3.1 掌握直播运营工作环节 / 021
- 1.3.2 规避直播间常犯的错误 / 023

第2章
7个方面：做好开播前的内容脚本策划　　/025

2.1 直播内容的来源渠道　/026
- 2.1.1 PGC：专业生产内容　/027
- 2.1.2 BGC：品牌生产内容　/029
- 2.1.3 UGC：用户生产内容　/030

2.2 做好开播前的脚本策划　/030
- 2.2.1 直播大纲：规划方案　/032
- 2.2.2 直播脚本：案例展示　/034

2.3 提炼自己的个人特色　/035
- 2.3.1 从评论和私信中了解粉丝需求　/035
- 2.3.2 利用自身优势来打造个人特色　/036

第3章
11个方法：塑造直播主播的人设魅力　　/039

3.1 直播主播的人设塑造　/040
- 3.1.1 人设的定义及作用　/040
- 3.1.2 打造合适自己的人设　/042

3.2 直播主播的形象塑造　/043
- 3.2.1 选择合适的直播装束　/044
- 3.2.2 直播主播的化妆技巧　/044
- 3.2.3 选择合适的直播角度　/046
- 3.2.4 主播精神面貌很重要　/047

3.3 掌握直播常见的话术 / 047

- 3.3.1 定制适合自己的欢迎话术 / 047
- 3.3.2 用感谢话术真诚表示感谢 / 048
- 3.3.3 用提问话术调动粉丝参与 / 048
- 3.3.4 使用引导话术时注意技巧 / 049
- 3.3.5 下播的话术是必不可少的 / 049

第4章
14个技能：快速提升主播的直播能力　　/ 051

4.1 培养主播技能的方法 / 052

- 4.1.1 学会控制场面 / 052
- 4.1.2 真诚对待粉丝 / 053
- 4.1.3 学习多种才艺 / 054
- 4.1.4 深挖痛点需求 / 056
- 4.1.5 垂直输出内容 / 057

4.2 提升主播的基本能力 / 057

- 4.2.1 数据分析能力 / 058
- 4.2.2 平台运营能力 / 061
- 4.2.3 供应支持能力 / 062
- 4.2.4 粉丝运营能力 / 062
- 4.2.5 内容创作能力 / 063
- 4.2.6 语言沟通能力 / 063
- 4.2.7 应对提问能力 / 065
- 4.2.8 心理素质能力 / 066
- 4.2.9 调节气氛能力 / 067

第5章
13种话术：增强主播日常讲话的技巧 / 069

5.1 增强主播的表达能力 / 070
- 5.1.1 配合肢体动作 / 070
- 5.1.2 掌握幽默技巧 / 071
- 5.1.3 学会赞美粉丝 / 072
- 5.1.4 多为他人着想 / 072
- 5.1.5 保持谦虚礼貌 / 073
- 5.1.6 把握分寸尺度 / 073

5.2 培养主播的讲话技巧 / 074
- 5.2.1 选择适合的话题切入 / 074
- 5.2.2 培养个性化语言风格 / 075
- 5.2.3 直播卖货的常见问题 / 076

5.3 掌握常用的话术模板 / 077
- 5.3.1 "介绍"式直播话术 / 077
- 5.3.2 "强调"式直播话术 / 078
- 5.3.3 "示范"式直播话术 / 078
- 5.3.4 "限时"式直播话术 / 080

第6章
11个细节：掌握直播文案的写作技巧 / 081

6.1 直播标题的创作技巧 / 082
- 6.1.1 流行创意词汇标题夺人眼球 / 082
- 6.1.2 借势型标题强化传播影响力 / 082

  6.1.3 提问型标题巧妙调动好奇心 / 085
  6.1.4 语言型标题提升创意的艺术 / 086

6.2 直播过程的文案内容 / 088

  6.2.1 直播宣传文案的类型 / 088
  6.2.2 设置悬念引起受众好奇 / 090
  6.2.3 数字冲击增强视觉效果 / 090
  6.2.4 通过比较突出产品优势 / 091
  6.2.5 描述场景促使用户购买 / 092

6.3 直播文案的两大特质 / 092

  6.3.1 情感特质：充分融入情感 / 092
  6.3.2 粉丝特质：实现力量变现 / 093

第7章
13个技巧：快速入驻热门的直播平台 / 095

7.1 快手直播的入驻运营技巧 / 096

  7.1.1 快手直播的入驻技巧 / 097
  7.1.2 快手直播的运营技巧 / 097

7.2 抖音直播的入驻运营技巧 / 099

  7.2.1 抖音直播的入驻技巧 / 101
  7.2.2 抖音直播的运营技巧 / 102

7.3 淘宝直播的入驻运营技巧 / 103

  7.3.1 淘宝直播的入驻技巧 / 104
  7.3.2 淘宝直播的运营技巧 / 105
  7.3.3 淘宝直播的引流技巧 / 107

7.4 京东直播的入驻运营技巧 / 109

- 7.4.1 京东直播的入驻技巧 / 109
- 7.4.2 京东直播的运营技巧 / 112

7.5 B站直播的入驻运营技巧 / 115

- 7.5.1 B站直播的入驻技巧 / 115
- 7.5.2 B站直播的运营技巧 / 117

7.6 拼多多直播的入驻运营技巧 / 118

- 7.6.1 拼多多直播的入驻技巧 / 118
- 7.6.2 拼多多直播的运营技巧 / 119

第8章
12个角度：吸粉引流提升主播的人气 / 123

8.1 私域流量粉丝的获取方法 / 124

- 8.1.1 通过社交平台实现站外拉新 / 124
- 8.1.2 通过店铺微淘实现站内拉新 / 131
- 8.1.3 通过创建社群增强用户黏性 / 133

8.2 公域流量能获得更多的曝光度 / 133

8.3 巩固粉丝忠诚度，提高转化率 / 135

- 8.3.1 通过打造人设来吸引粉丝 / 135
- 8.3.2 用个性的语言来吸引粉丝 / 136
- 8.3.3 互相关注粉丝来增强黏性 / 137
- 8.3.4 挖掘用户痛点来满足需求 / 137
- 8.3.5 将产品特色与热点相结合 / 139

8.4 教你如何在直播间吸引粉丝 / 139
  8.4.1 获得高人气的直播技巧 / 139
  8.4.2 轻松提升收益的技巧 / 140

8.5 了解平台政策，提升直播效果 / 141

第9章
6个要点：掌握直播间的营销与活动策划 / 143

9.1 直播营销推广的技巧 / 144
  9.1.1 营销方案的5大要素 / 144
  9.1.2 直播营销方案的执行 / 146
  9.1.3 直播引流的5种方法 / 146

9.2 直播活动策划的执行 / 149
  9.2.1 直播活动方案的模板 / 149
  9.2.2 直播活动常见的开场 / 149
  9.2.3 5种直播互动的玩法 / 151

第10章
19个操作：让直播成为电商带货"神器" / 153

10.1 直播带货的3个优势 / 154
  10.1.1 直播带货能增加用户的购买欲望 / 154
  10.1.2 直播带货能促进用户的消费频率 / 155
  10.1.3 直播带货能增强用户的信任程度 / 156

10.2 直播带货的5个步骤 / 157
10.2.1 取得用户的信任并拉近距离 / 158
10.2.2 塑造产品的价值和亮点优势 / 159
10.2.3 抓住用户的痛点和实际需求 / 160
10.2.4 筛选产品来增加用户满意度 / 162
10.2.5 营造紧迫感来促使用户下单 / 164

10.3 直播带货的11个技巧 / 165
10.3.1 专业的导购更具有权威性 / 166
10.3.2 结合产品的实力展现效果 / 166
10.3.3 围绕产品特点来策划段子 / 167
10.3.4 分享干货以及精准地营销 / 168
10.3.5 将产品融入植入的场景中 / 168
10.3.6 展示用户体验,提高口碑 / 169
10.3.7 专注一款产品的直播营销 / 170
10.3.8 用福利诱导用户购买产品 / 170
10.3.9 用产品的性价比打动用户 / 171
10.3.10 设置悬念来吸引用户兴趣 / 172
10.3.11 进行对比突显产品的优势 / 173

第11章
26大优势:专业运营能提高直播效率 / 175

11.1 直播的主题以用户为核心 / 176
11.1.1 明确直播目的并做好准备 / 176
11.1.2 从用户的角度出发来制定 / 177
11.1.3 及时抓住时事热点来策划 / 178

11.1.4　利用噱头来打造直播话题　/ 179
　　11.1.5　围绕产品特点来展现优势　/ 180

11.2　找准直播的传播运营模式　/ 182
　　11.2.1　发布会式直播，多平台同步　/ 182
　　11.2.2　作秀式直播，掌握方法技巧　/ 182
　　11.2.3　颜值式直播，吸引用户注意　/ 183
　　11.2.4　限时式直播，抓住用户心理　/ 183
　　11.2.5　IP式直播，营销的效果可观　/ 185

11.3　全面打造提供优质的内容　/ 186
　　11.3.1　通过内容包装获得更多曝光　/ 186
　　11.3.2　通过互动参与了解内容质量　/ 186
　　11.3.3　用动人的内容进行情景诱导　/ 186
　　11.3.4　对事件进行加工提高知名度　/ 187
　　11.3.5　有内容质量的同时发挥创意　/ 187
　　11.3.6　利用创新技术提高展示效果　/ 187
　　11.3.7　直播的内容要有真实的感觉　/ 188
　　11.3.8　无边界的内容能够出其不意　/ 189
　　11.3.9　用增值的内容满足用户需求　/ 190

11.4　集合多平台进行直播推广　/ 191
　　11.4.1　利用社交网络自由推广　/ 192
　　11.4.2　建立品牌口碑专业推广　/ 193
　　11.4.3　论坛推广的内容很丰富　/ 193
　　11.4.4　提取关键词的软文推广　/ 194
　　11.4.5　跨越平台进行联盟推广　/ 195
　　11.4.6　地推+直播的效果更好　/ 195
　　11.4.7　通过借势造势扩大影响　/ 195

第12章
14种变现：不得不学的直播盈利模式 / 197

12.1 直播流量变现的方式 / 198
12.1.1 通过卖会员以特殊服务变现 / 198
12.1.2 让粉丝卸下戒备心打赏主播 / 199
12.1.3 通过付费观看内容实现变现 / 200
12.1.4 网红通过建立个人品牌变现 / 202
12.1.5 通过植入商家产品广告变现 / 203
12.1.6 通过现场订购实现流量变现 / 204
12.1.7 依靠MCN机构化运营变现 / 204
12.1.8 完成主播任务享受平台收益 / 205

12.2 直播衍生的变现方式 / 206
12.2.1 版权销售的变现收益非常大 / 207
12.2.2 为企业提供技术的直播服务 / 207
12.2.3 通过形象代言有偿推广品牌 / 207
12.2.4 通过购买游戏道具实现变现 / 209
12.2.5 通过游戏广告来收取广告费 / 209
12.2.6 游戏联运的收入是充值提成 / 210

第1章
14项准备：
揭秘直播的准备工作

磨刀不误砍柴工，在正式做直播之前，我们要先做好一些准备工作，主要包括硬件设备和软件方面，还包括直播间的运营准备。只有做好直播前的准备工作，主播才能畅通无阻地进行直播。本章主要介绍直播的硬件配置和直播间的预告设置等内容。

1.1 直播间的设备准备

俗话说："工欲善其事，必先利其器。"要想成为一名出色的主播，除了自身的才艺和特长外，还需要有各种硬件设备的支持。包括摄像头的选择、灯光效果的调试、背景的设置以及网络环境的搭建等。本节主要介绍直播间的设备准备以及环境的搭建，帮助新人主播打造一个完美的直播间。

1.1.1 直播的摄像头选择

想要进行直播，摄像头是必不可少的，而摄像头的功能参数直接决定了直播画面的清晰度，影响到直播效果和受众的观看体验。那么，该如何选择一款合适的摄像头呢？下面列出一些热门的摄像头和品牌排行榜（本章相关榜单信息均来自"中关村在线"），以供大家参考和借鉴，如图 1-1 所示。

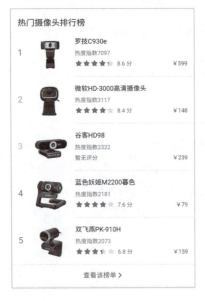

图 1-1　热门摄像头和品牌排行榜

在选择摄像头时，主要考虑两个因素。

① 摄像头的功能参数。参数越高，输出的视频分辨率就越高，呈现的视频画质也就越清晰。

② 摄像头的价格。对于大多数人来说，购买任何东西都有预算，这时产品的性价比就显得尤为重要，因为谁都想花最少的钱体验更好的产品。

基于以上两个因素，推荐上面排名第一的摄像头——罗技C930e。图1-2所示为该摄像头的产品外观和参考报价；图1-3所示为该摄像头的重要参数。

图1-2　罗技C930e的产品外观和参考报价

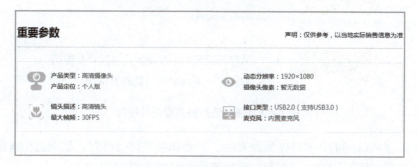

图1-3　罗技C930e的重要参数

从图1-3中可以看出，罗技C930e摄像头的配置还是很不错的，产品类型和镜头描述为高清，最大帧频为30FPS，动态分辨率也达到了1920像素×1080像素，还支持USB3.0，内置麦克风。价格在600元左右，这个价格对于绝大多数人来说还是可以接受的，性价比颇高。

1.1.2　直播间的灯光效果

有了摄像头之后，接下来是打造一个漂亮的直播环境，说到直播环境，就不得不提到直播间的灯光效果设置，这是打造直播环境的重中之重，灯光的设置直接影响到主播的外观形象。

摄影是用光的艺术,直播也是如此。所谓直播,就是通过摄像头将内容画面或自己的影像传递给屏幕前的受众。为什么有的主播看上去明亮耀眼,而有的则是黯淡无光呢?这就是灯光所造成的不同效果。对于主播而言,上镜效果非常重要。

直播间的灯光类型主要分为5种,其作用如图1-4所示。

图1-4 直播间的灯光类型及其作用

了解了直播间的5种灯光类型之后,下面详细讲解每种灯光的设置和摆放,通过不同的角度和不同的灯光搭配制造出不同的环境效果。

(1)主光

主光灯须放在主播的正面位置,且与摄像头镜头光轴的夹角不能超过15度。这样能让照射的光线充足而均匀,使主播的脸部看起来很柔和,起到美颜效果。但是这种灯光设置也有不足之处,那就是没有阴影效果,会使画面看上去缺乏层次感。

(2)辅助光

辅助光宜从主播的左右两侧与主光呈90度夹角摆放。当然,还有一种更好的设置方法,就是将辅助光放置在主播左前方45度或右后方45度进行照射。

这样可以使主播的面部轮廓产生阴影,并产生强烈的色彩反差,有利于打造主播外观的立体质感。需要注意的是，灯光对比度的调节要适度，防止面部过度曝光或部分地方太暗的情况发生。

（3）轮廓光

轮廓光要放置在主播的后面，以便形成逆光效果，这样做不仅能够让主播的轮廓分明，还可以突出主播的主体作用。

在使用轮廓光的时候必须要注意把握光线亮度的调节，因为光线亮度太大可能会导致主播主体部分过于黑暗，同时摄像头入光也会产生耀光的情况。

（4）顶光

顶光是从主播头顶照射下来的主光线，其作用在于给背景和地面增加亮度，从而产生厚重的投影效果，有利于塑造轮廓，起到瘦脸的功效。但要注意顶光的位置离主播尽量不要超过2米。另外，这种灯光也有小缺点，容易使眼睛和鼻子的下方形成阴影，影响美观。

（5）背景光

背景光的作用是烘托主体，为主播的周围环境和背景照明，营造各种环境气氛和光线效果。

在布置的过程中需要注意，由于背景光的灯光效果是均匀的，所以应该采取低亮度、多数量的方法进行。

以上5种灯光效果是打造直播环境必不可少的，每种灯光都有各自的优势和不足，直播间还需要进行不同的灯光组合来取长补短。灯光效果的调试是一个比较漫长的过程，需要有耐心才能找到适合自己的。

1.1.3 直播间的声卡选购

直播实际上是一种视频和音频的输出，视频的输出靠的是高清摄像头，而音频的输出得靠声卡和麦克风，这3样是直播设备的核心硬件。所以，不光要选择一个好的摄像头，选择一款好的声卡也尤为重要。声卡主要分为内置声卡和外置声卡两种类型。

（1）内置声卡

内置声卡顾名思义就是集成在台式电脑或笔记本主板上的声卡，现在我们新买的电脑都会预装内置声卡，只需要安装对应的声卡驱动就能正常运行了。

（2）外置声卡

外置声卡需要通过USB接口和数据线连接在笔记本或台式电脑上，然后安装单独的驱动（有些外置声卡插入即可使用），最后将内置声卡禁用，选择新安装的外置声卡为默认播放设备即可。

内置声卡和外置声卡的区别还是比较大的，接下来将从3个方面讲述它们之间的区别，如图1-5所示。

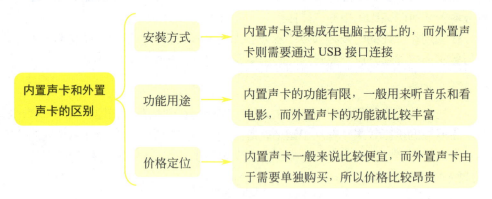

图1-5 内置声卡和外置声卡的区别

内置声卡和外置声卡的产品外观展示如图1-6和图1-7所示。

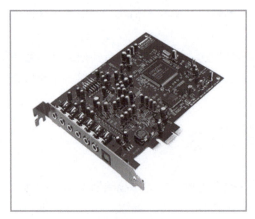

图1-6 内置声卡

图1-7 外置声卡

由于大多数内置声卡的功能有限，远不能满足主播直播的需求，下面列出几种热门声卡以及声卡品牌的排行榜，如图1-8所示。

和摄像头的选择一样，声卡的选购同样也要考虑其性价比。当然，如果预算充足，可以选择自己喜欢的声卡款式，以便设置最佳的直播音效。本书推荐一款比较不错的外置声卡——森然播吧Ⅱ代，如图1-9所示，图中有该声卡的产品外观、参考报价以及重要参数。

第1章 14项准备：揭秘直播的准备工作

图 1-8 热门声卡以及声卡品牌的排行榜

图 1-9 森然播吧 II 代的产品综述介绍

1.1.4 直播间麦克风选择

麦克风俗称"话筒"，主要分为电动麦克风和电容麦克风两种，而电动麦克风又以动圈麦克风为主。还有一种特殊的麦克风，就是电视上或者活动会议上常见的耳麦，耳麦是耳机与麦克风的结合体。

动圈麦克风和电容麦克风各自的区别和特点如图 1-10 所示。

007

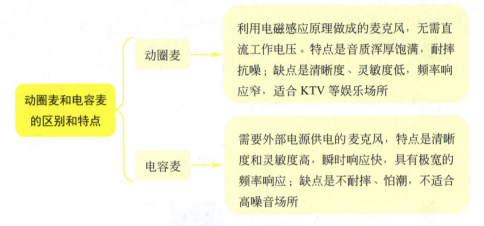

图1-10 动圈麦和电容麦的区别和特点

绝大多数主播的直播麦克风都是电容麦,下面重点介绍电容麦的选购。图1-11所示为热门麦克风和麦克风品牌的排行榜。

图1-11 热门麦克风和品牌排行榜

电容麦的质量和体验决定了主播直播间的音质,从而影响到直播的整体效果,所以选择一款高品质的电容麦对主播来说非常重要。这里推荐一款电容麦,如图1-12所示。

图 1-12　铁三角 AT2020 录音室专业型麦克风

这款电容麦是铁三角 AT2020，铁三角是一个专注于研发话筒、耳机等电子产品的知名品牌，产品质量和销量在全球也是名列前茅。对于录音、直播等场景来说，这款产品是个不错的选择。当然，大家还可以选择自己喜欢的其他电容麦。

1.1.5　电脑和手机的选购

现在最常见的直播的方式有两种，一种是用台式电脑或者笔记本进行直播，另一种就是利用手机进行直播。这两者方式各有利弊。

（1）电脑

在 4G 刚刚商用普及，移动智能设备的用户数量远没有现在这么多的时候，直播对于普通人来说还是一个新兴的互联网行业。从事专业直播的人群一般来说都有一定的才艺技能、理论基础和经济能力，采用的直播设备就是台式电脑或笔记本电脑。直播对于设备的配置要求比较高，高性能的电脑与主播直播的体验是成正比的。

① CPU 处理器。CPU 的性能对电脑的程序处理速度来说至关重要，CPU 的性能越高，电脑的运行速度也就越快，所以 CPU 的选择千万不能马虎或将就。一般来说，选择酷睿 i5 或 i7 的处理器比较好。

② 运行内存条。内存条的选择和 CPU 一样，尽量选择容量大的，因为运行内存的容量越大，电脑文件的运行速度也就相应的越快。对于直播的需求来说，电脑内存容量不能低于 8GB。

③ 硬盘类型。现在市面上流行的硬盘类型一共有两种，一种是机械硬盘，还有一种是固态硬盘。两种硬盘的优缺点如图 1-13 所示。

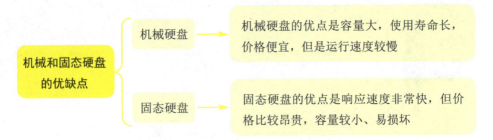

图 1-13 机械硬盘和固态硬盘的比较

随着科技的不断进步，固态硬盘的生产技术越来越成熟，这也导致其销售价格不断降低，容量在不断扩大，也就不用担心选购固态硬盘的成本预算了。

④ 显卡。体现电脑性能的又一个关键配件就是显卡，显卡配置参数会影响电脑的图形处理能力，特别是在运行大型游戏以及专业视频处理软件的时候，显卡的性能就显得尤为重要。电脑显卡对直播效果也有一定的影响，所以尽量选择高性能的显卡。

笔记本和台式电脑相比，具有体积小、携带方便的特点，笔记本电脑的销量排行榜如图 1-14 所示。

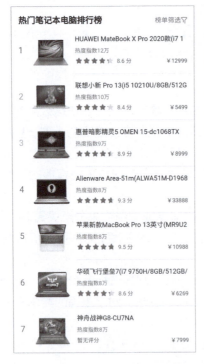

图 1-14 热门笔记本电脑和品牌排行榜

（2）手机

随着移动通信技术的不断进步，5G时代即将到来，手机的网速也越来越快，4G网络普及后手机的网速已经能够流畅地观看视频，这为手机直播的发展提供了必要的前提条件。图1-15显示了移动通信技术的发展和变更。

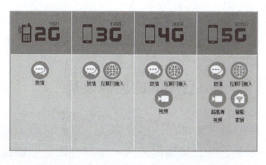

图1-15　移动通信技术的发展和变更

与电脑直播相比，手机直播更加简单和方便，只需要一台手机，然后安装一款直播平台的APP软件，再配上一副耳机即可。当然，如果觉得手持手机直播有点累，也可以加个支架固定。

手机直播适用于那些把直播当做一种生活娱乐方式或者刚入直播的人，手机的功能毕竟没有电脑强大，有些专业的直播操作和功能在手机上是无法实现的。所以手机直播对配置的要求没有电脑那么高。虽然如此，手机设备的选购也是需要经用心考虑和比较。

手机的选购和电脑一样，也要注意配置参数，然后在预算范围内选择一款自己喜欢的即可。

图1-16所示为热门手机和品牌的排行榜，仅供参考。

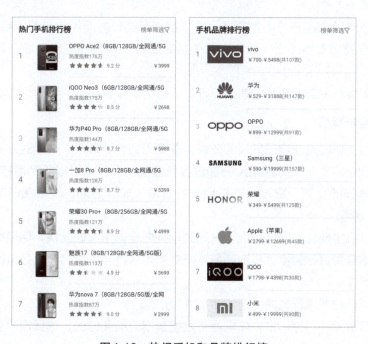

图1-16　热门手机和品牌排行榜

以上就是关于电脑和手机的介绍以及选购推荐，其实不管用什么设备进行直播，只要能为受众创造出优质且有趣的直播内容，就能成为一名优秀的主播。

1.1.6　直播间的其他设备

除了前面所讲的摄像头、灯光、声卡、电容麦以及电脑和手机这些主要的直播设备之外，直播间还有一些其他设备需要我们考虑到，比如网络宽带、手机或电容麦的支架、监听耳机等。

（1）网络宽带

直播主要是通过互联网与受众建立沟通与联系，特别是对于专业主播来讲，必须在直播的地方安装一个网速足够的宽带，直播对于流量的消耗是巨大的。即便是业余直播，也要在有Wi-Fi的环境下进行，光用流量的话，成本是难以维持的。宽带网速和套餐的选择，最好选择50兆以上的宽带套餐。

直播间的网络状况好坏决定了直播能否顺利进行，如果宽带网速不给力，就会造成直播画面延迟和卡顿，不仅会严重影响主播的直播进程，而且会大大降低受众的观看体验，导致受众中途离去，造成直播间人气波动。

（2）直播支架

不管是电脑直播还是手机直播，主播都不可能长时间用手拿着电容麦或手机。这时候就需要用支架固定，这样主播便能更加轻松愉快地进行直播，非常实用和方便。

直播支架在主流电商平台购买即可，价格也很实惠。

（3）监听耳机

主播为了随时关注自己直播的效果，需要用到监听耳机，以便对直播的内容进行优化和调整。监听耳机是指没有加过音色渲染的耳机，可以听到最接近真实的、未加任何修饰的音质，它被广泛应用于各领域，如录音棚、配音室、电视台以及MIDI工作室等。

监听耳机主要具备两个特点：一是频率响应足够宽、速度快，保证在监听的频带范围内信号失真尽量小，具有还原监听对象声音特点的能力；二是坚固耐用，容易维修和保养。

监听耳机和普通耳机的区别如图1-17所示。

监听耳机的选购可以在主流电商平台搜索相应的关键词，选择自己喜欢或者合适的产品即可。

```
                              ┌─ 监听耳机由于没有加过音色渲染，所以对声音的还原度高，
                              │  保真性好；普通耳机一般是加过音色渲染和美化的，所以声
                              │  音听起来会更动听
                              │
                              │  监听耳机能有效隔离外部杂音，听到清晰准确的声音，隔音
                              │  效果非常好；普通耳机的封闭性一般，经常会出现漏音和外
  监听耳机和普通 ──────────────┤  界杂音渗入的情况
  耳机的区别                   │
                              │  监听耳机主要用于现场返送、缩混监听、广播监听、扩声监
                              │  听、专用监听的场景中，以提高声音的辨识度；普通耳机一
                              │  般用于听音乐、看电影、玩游戏等娱乐方面
                              │
                              │  监听耳机为了声音的保真性，制作材质普遍较硬，所以佩戴
                              │  舒适度比较一般；普通耳机的质量较轻，设计也符合人体结
                              └─ 构学，佩戴比较舒适
```

图 1-17　监听耳机和普通耳机的区别

1.1.7　直播间的装修布置

购买一整套直播必备的设备之后，就到了最重要的环节——设计一个符合自己直播风格的直播间。漂亮美观的直播间能提升受众观看直播的体验感，为主播吸引更多的粉丝和人气。下面从直播间空间的大小、背景的设置、物品的陈设3个方面详细分析直播间的装修布置。

（1）空间大小

直播间的空间大小宜在20～40平方米，不能过大也不能太小，空间太小不利于物品的摆放和主播的行动，太大会造成空间资源的浪费。主播在选择直播场地时，应该根据自己的实际情况来分配空间。

（2）背景设置

直播间背景的设计原则是简洁大方、干净整洁，不仅主播的外观造型是受众对直播的第一印象，直播间的背景同样也能给受众留下深刻的印象。直播间的背景墙纸或背景布的设计风格可以根据主播的人设、直播的主题以及直播的类型来选择，

但需要注意，不要过于个性和花里胡哨，这样会使受众产生反感。

例如，主播是一位元气满满的美少女，就可以选择可爱风格的HelloKitty主题墙纸作为直播间的背景，如图1-18所示。

图1-18　可爱风格的直播背景

如果直播是以庆祝生日或节日为主题，就可以选择明亮鲜艳的墙纸作为直播间的背景，如图1-19所示；如果直播的类型是在线教育的知识干货分享，可以选择简洁清新的背景墙纸，如图1-20所示。

图1-19　明亮鲜艳的直播背景

图 1-20 简洁清新的直播背景

（3）物品陈设

和背景设置一样，直播间物品的摆放也是有讲究的，房间的布置同样要干净整洁，物品的摆放和分类要整齐有序，这样做不仅能够在直播的时候做到有条不紊，还能给受众留下一个好的印象。

杂乱的房间布置会让用户体验不好，所以每一位新人主播尤其要注意这个问题。关于物品种类和陈设可以根据直播的类型来设置和确定。如果是美妆类的直播，可以放口红、散粉、眼线笔等相关产品，如图1-21所示；如果是服装类的直播，可以放衣服、裤子、鞋等相关产品，如图1-22所示；如果是美食类直播，可以放各种零食、小吃、特产等相关产品，如图1-23所示。

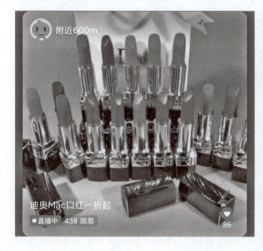
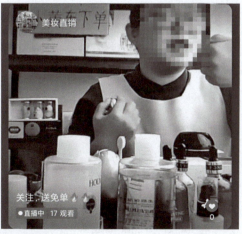

图 1-21 美妆直播的物品摆放

图1-22　服装直播的物品摆放

图1-23　美食直播的物品摆放

　　直播间物品的陈设一定要符合直播的风格或者类型，这样才能提升主播的专业度和直播间的档次，才会吸引更多用户和粉丝观看直播，这样的直播才会有意义。

1.2 直播间的预告设置

　　当我们把直播的设备都准备妥当，直播间的装修也布置好之后，就可以正式开始直播了。

不过在直播之前我们还需要做一件很重要的事情,即直播间的预告设置工作,它包括直播时间的预告、直播封面的预告、直播标题的预告等一系列步骤。本节主要讲解直播开始之前的预热工作,帮助主播们拥有一个良好的开端。

1.2.1 直播时间的预告准备

直播时间的预告包含两个时间,一个是直播开始的时间预告,另一个是发布直播预告的时间。这两者的区别在哪呢?

① 直播开始的时间:主播正式开始进行直播的时间点。

② 直播预告的时间:主播的直播预告是在什么时候发布的,这个时间要早于直播开始的时间。

下面给大家看一个案例,这样就能对直播的这两个时间概念一目了然了。从图1-24左边的图片中可以看出,这位主播发布的直播预告动态的时间是3月7日,右边图片中的3月14日则是直播进行的那一天。

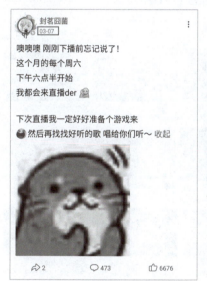

图1-24 直播时间的预告

1.2.2 直播封面的预告准备

直播封面的预告准备也就是直播的封面,直播的封面就相当于产品的营销宣传海报,是吸引别人对你直播内容感兴趣的最好的展示位,所以直播封面务必要足够吸引人的眼球，让受众产生想要观看和了解直播的欲望。

那么，该如何来设计出色的直播封面呢？直播封面的几点规范如图1-25所示。

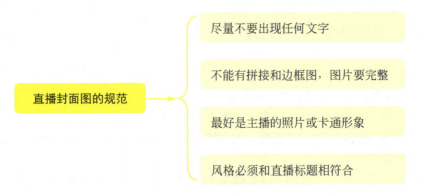

图1-25　直播封面图的规范

某直播平台上一些直播封面的案例示范如图1-26所示。

图1-26　直播封面图的案例展示

1.2.3　直播标题的预告准备

除了直播封面的设计之外，直播标题的打造也非常重要，标题和封面决定了直播的点击率和人气。要想吸引更多的用户和流量，就必须撰写一个符合用户需求且能引起用户好奇心的标题。这样的直播标题该如何打造呢？我们根据自己的经验总结了以下几点直播标题撰写的方法和技巧，如图1-27所示。

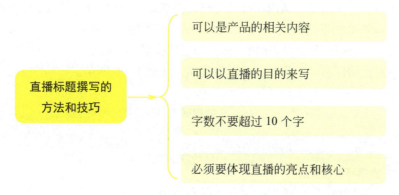

图1-27　直播标题撰写的方法和技巧

总而言之，直播标题的打造要求以能第一时间吸引用户的眼球为标准，图1-28是一些比较吸引人的直播标题案例。

图1-28　直播标题的案例

从上面的直播标题案例可以看出，有的标题是围绕产品的亮点来写的，有的则是实用方法和技巧，有的利用优惠来吸引用户，还有的则是以特殊日期为噱头来引起用户的兴趣。

1.2.4 直播标签的设置分类

就像做自媒体需要设置内容标签一样，做直播也需要设置标签，标签设置得精准可以获得更多的平台推荐次数，增加直播内容的曝光，吸引更多的流量和粉丝，"踩中标签"还有利于内容的垂直，提升账号的权重。

在设置直播标签时，需要注意以下几点，如图1-29所示。

图1-29 直播标签设置的注意事项

图1-30所示为哔哩哔哩直播平台的一些热门直播标签推荐。

图1-30 哔哩哔哩热门直播标签推荐

1.2.5 直播产品的选择技巧

对于电商类主播的直播带货来说，选品环节非常重要，产品选择是否合适决定了主播的销量和业绩的高低，进而影响主播的价值和收益。主播应该从以下几个方面来考虑产品的选择，如图1-31所示。

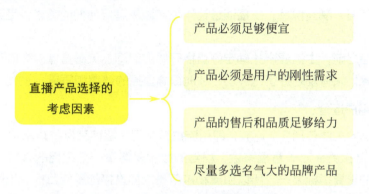

图1-31 直播产品选择的考虑因素

其实，对于电商直播带货这个行业来说，真正重要的是产品和价格本身，以及整个供应链背后的运作团队。只要产品足够好，足够刚需，价格足够便宜，随便哪个主播都能卖出不错的销量业绩。

1.3 直播间的运营准备

对于新人主播来说，熟悉和掌握直播运营的工作流程是必备的技能之一，除此之外，新人主播还需要注意避免直播间常犯的错误。

1.3.1 掌握直播运营工作环节

直播运营的工作环节主要分为3大板块，即内容运营、用户运营和数据运营。

（1）内容运营

直播的内容运营包括直播内容的形式、直播的时间、时长以及内容的安排。常见的直播内容形式主要有3种。

① 介绍产品。这主要是针对电商类的直播来说的，主播或商家会利用直播平台推广和销售产品，以增加产品的营销额。

② 讲故事、段子。对于那些有才华或者口才的主播来说，讲故事或者段子是一种非常不错的选择，他们可以充分发挥自己的优势。

③ 唱歌。这种直播形式是女性主播最常用的手段，一般来说这类主播大多拥有不错的颜值，嗓音悦耳，主播通过让用户点歌来满足他们的需求，受到一部分用户的喜爱。

在直播之前，主播要事先确定好直播开始的时间、大概直播多久以及直播要讲什么内容等。只有规划好了这一切，才能提高直播的效率和质量。

（2）用户运营

用户运营主要包括3个环节，即引流拉新、用户留存和付费转化。

① 引流拉新。对于直播来讲，粉丝的数量是衡量一个主播的人气、影响力和商业价值的重要指标之一，所以引流和拉新是主播直播的重要目标。不同的互联网平台有不同的引流拉新方式，对于刚做直播的新人主播来讲，要尽可能地利用一切推广渠道为自己的直播间增加用户和流量，为以后的直播运营打好基础。

② 用户留存。当把其他平台的用户引流到直播间之后，要做的就是留住这些用户，将其转化为自己的粉丝。要提高直播间的用户留存率，最根本、最有效的方法只有一个，那就是输出优质且有创意的直播内容，满足大部分用户的需求。

③ 付费转化。直播的最终目的是流量变现，当主播积累了一定量的粉丝之后，就要进行付费转化了。直播变现的方式有很多种，最直接也最常见的就是给主播刷礼物，可以根据自己的实际情况选择适合自己的变现方式。

另外，主播也可以通过策划各种直播活动来增加和用户的互动，这样能增强粉丝的黏性和忠实度，有利于提高转化率。

（3）数据运营

任何工作和运营都离不开对数据的统计和分析，随着互联网技术的不断发展，数据分析也越来越精确，效率越来越高，特别是大数据时代的到来，大大提高了企业对市场和用户的分析能力。对于直播这个行业，数据运营是十分有必要的，因为通过对直播各种数据的分析，可以优化和完善直播的各个环节，有助于自己的发展和进步。

当主播的直播事业发展到一定的水平和规模时就会形成品牌效应，也就是现在最流行的IP概念，像李佳琦、薇娅等顶级流量的网红主播。到了这个层次的主播就不需要一个人"单打独斗"了，会有专业的运营团队和完整的产业链帮其进行直播的运营，主播只需要全力做好优质内容即可。

1.3.2 规避直播间常犯的错误

对于新人主播来说,由于不熟悉平台的直播规则,经常会有意或无意地犯各种错误,轻则被平台警告处罚,重则直接封号等,这种行为和结果都是得不偿失。还有一种情况,虽然没有违反各项规定,但是因为自身的性格和行为导致直播的效果不尽人意。所以,接下来就教大家规避直播间一些常犯的错误,以帮助新人主播少走弯路。

直播时应避免的错误如图1-32所示。

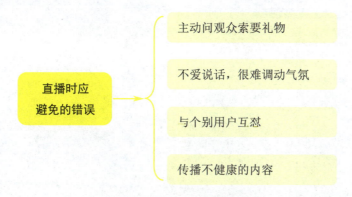

图1-32 直播时应避免的错误

新人主播在正式直播之前,可以先向有直播经验的前辈请教,或者搜索自己所在平台的相关法律规则,这样可以在一定程度上规避上述错误,防止直播扣分的情况发生。

第2章
7个方面：
做好开播前的内容脚本策划

在互联网急速发展的今天，优质内容创作成了新媒体或主播吸引流量最根本的手段，只有为用户提供优质且有创意的内容，才能打造爆款直播间，吸引更多的流量，形成自己的品牌或IP。本章主要介绍优质直播内容的打造，以帮助主播做好直播内容。

2.1 直播内容的来源渠道

不管是做新媒体还是直播,内容的创作都是最为重要的,内容的来源可以是自己想的,也可以借鉴别人好的创意,再进一步改进和完善,并加入自己的特色,如图2-1所示。

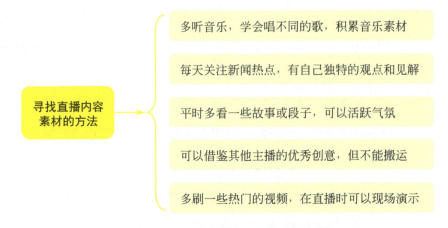

图 2-1　寻找直播内容素材的方法

俗话说:艺术来源于生活。主播创意和灵感的产生离不开丰富的内容素材,因为个人的想象能力是有限的,思维的发散需要借助参考源才能得到启发。所以,对于主播来讲,要想源源不断地输出优质的内容,平时的内容素材积累是非常重要和必要的。

> **专家提醒**
>
> 在寻找内容素材的过程中,一定不能选择那些带有色情、血腥、敏感的内容,不要为了博取观众的眼球去"打擦边球",从而违反平台的规则。

对于内容创作者而言,直播或新媒体的内容是PGC、BGC、UGC的相互融合,它们的定义如图2-2所示。

第 2 章　7 个方面：做好开播前的内容脚本策划

PGC、BGC、UGC 的定义
- PGC：专业生产内容，泛指内容的个性化、视角多元化等
- BGC：品牌生产内容，展示品牌的文化内涵和价值观
- UGC：用户生产内容，用户分享自己的原创

图 2-2　PGC、BGC、UGC 的定义

下面分别介绍直播营销中内容的三大要素。

2.1.1　PGC：专业生产内容

PGC（Professional Generated Content）是一个互联网术语，指专业生产内容，也称 PPC。在直播营销的领域，PGC 的 "Professional" 主要指话题性人物，一共有 3 类，即明星、网红、名人（非娱乐圈的）。

（1）明星

每年"双十一"电商购物节越来越热闹，影响力越来越大，成交金额总数不断打破纪录，中国人的购买力让全世界瞠目结舌。特别是近年来，直播带货行业的兴起和火热让许多人心动不已，于是娱乐圈的明星顺应时代潮流，纷纷进入这个领域，利用自身的优势来赚取更多利益，这是中国社会的消费需求和消费水平飞速增长的必然结果。

最典型的一个案例就是巴黎欧莱雅的戛纳电影节明星直播，在这次直播活动中，巴黎欧莱雅是戛纳电影节的主要赞助商，并聘请了井柏然、李宇春等知名明星直播助阵，明星们向受众介绍欧莱雅产品，配合官网进行产品促销。

图 2-3 所示为巴黎欧莱雅和第 69 届戛纳电影节联合的明星直播宣传海报。

因为有各大明星的参与，这种直播营销的内容才会受到用户喜爱，使其品牌的产品

图 2-3　巴黎欧莱雅的戛纳电影节明星直播宣传海报

销量取得不错的成绩。但是请明星直播营销产品的成本也是巨大的，其投入产出比还有待评估。

（2）网红

由于请明星的成本很大，有些实力较弱的企业或者商家会选择请网红进行产品的营销直播，但是一般来说，网红的影响力不如明星，所以企业在请网红直播的时候，通常会采用"人海战术"，用多个网红在同一直播间一起进行产品的介绍和营销，如图2-4所示。

图2-4　多人网红直播

一名网红的粉丝和影响力虽然有限，但多名网红进行直播的话，就会把各自的资源和优势进行叠加，使直播间的人气和效果达到最大化，这是电商直播带货常用的方法之一。

（3）名人

除了明星和网红，各界知名人士的直播也非常火热。例如小米公司董事长雷军通过视频直播的方式，对外发布了小米首款无人机产品。在发布会的直播中，雷军详细介绍了小米无人机的产品功能和配置参数，并现场演示了无人机的试飞过程。

在很多产品发布会的直播中，公司CEO或者高管为了新产品成功上市，亲自上阵直播介绍产品，利用自身的知名度和影响力使产品获得更多的曝光，从而为新产品的预约和销售做好铺垫。

从以上3个案例我们可以看出，在直播营销中，PGC的作用是非常大的，它贡献了相当一部分的品牌曝光度和销售转化率。这些案例都是通过和电商平台紧密联系，以边看边买的形式实现产品销售和流量变现的。

2.1.2 BGC：品牌生产内容

BGC（Brand Generated Content）指品牌生产内容，其作用是展示品牌的文化内涵和价值观。直播营销、视频营销和软文营销的本质上没有什么区别，都非常重视内容的创意，但是这种创意的优质直播营销内容并不多见。

例如，英国的高端连锁超市Waitrose的特色是售卖新鲜的食材，为了向世人展示自己的特色，Waitrose在YouTube开设专属频道直播食材供应源头的实时画面。

该直播虽然看久了可能会有点无聊，但却抓住了人们对于食品安全问题高度重视和密切关注的需求。直播过程无形地传递了Waitrose超市"绿色环保"的品牌文化和价值观，使人们看到直播后能够放心地去购买产品。

我们再来看一个案例，adidas Originals是阿迪达斯旗下的运动经典系列，它以"三叶草"作为标志，具有强烈的复古感。为了推广即将发布的ZX Flux新款产品，阿迪达斯联合哔哩哔哩视频平台在上海旗舰店举行了"Flux it！创作直播"，如图2-5所示。

图2-5　Flux it！创作直播

这场基于 ZX Flux 新款产品造型的现场绘画直播，可以根据受众的弹幕随时变换鞋面色彩、图案等创作元素，为受众展示了一场千变万化的涂鸦艺术。

2.1.3 UGC：用户生产内容

UGC（User Generated Content）是指用户生产内容，也就是用户将自己的原创内容通过互联网平台进行分享或提供给其他用户。UGC 也可称为 UCC。随着互联网的发展，用户的交互作用得以体现，用户既是内容的需求者，也是内容的供给者。

智能手机的普及和上网成本的降低使得移动互联网快速发展，从而带动直播的火热。随着直播的内容边界被无限扩展，对于直播营销而言，如何让受众都能参与这种"无边界内容"是要考虑的根本问题。

直播营销的 UGC 不光指的是弹幕的评论功能，除了要和专业生产内容、品牌生产内容互动之外，还要改变它们，这种改变的最终目的是让内容更加丰富有趣。直播有着社交属性，通过评论功能让用户参与互动，从而建立联系。

PGC、BGC 和 UGC 三者之间是可以互相转化且相互影响的，企业在进行直播营销时要考虑的问题有以下几方面，如图 2-6 所示。

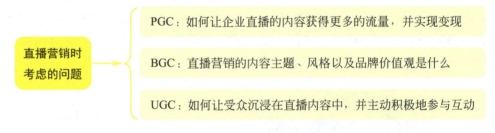

图 2-6　企业直播营销时考虑的问题

2.2
做好开播前的脚本策划

在正式直播之前，我们需要做好直播脚本策划，写直播脚本主要有 3 个目的，如图 2-7 所示。

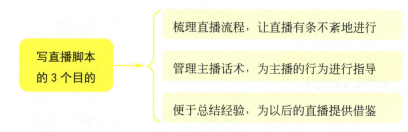

图2-7　写直播脚本的3个目的

直播脚本的意义和作用如图2-8所示。

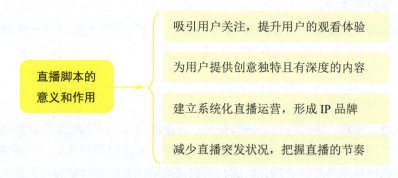

图2-8　直播脚本的意义和作用

想要做好一场直播就得把握好直播的4大核心要素,具体内容如下。

(1)明确直播主题

直播需要围绕中心主题来进行,如果内容与主题不相符合,就会有"标题党"之嫌,这样本末倒置的直播内容会很泛很杂,别人不知道你所要传达的核心信息是什么,容易导致用户反感,从而造成粉丝的流失。

(2)把控直播节奏

把控直播节奏其实就是规划好时间,只有确定每个时间段要直播的内容,主播才能从容自如地控制整个直播的发展方向,才能优化直播的流畅度,增加受众观看直播的体验感,也就不会出现直播中途突然暂停或者面对突发状况不知所措的情况了。

在直播过程中,直播的内容一定要和直播的目的相匹配,这样才有利于直播节奏的把控。可以从以下3个方面入手,如图2-9所示。

要做好直播节奏的把控就需要对直播内容进行分阶段设置,罗列出直播的内容大纲,就像在线教育的直播课程一样,讲师在正式上麦讲课之前会做好直播课程课件,对直播内容的知识点进行梳理,这样才有利于受众更好地理解。

图2-9　使直播内容与直播目的相呼应的方法

（3）安排直播分工

直播的各个流程和环节需要直播团队的配合，所以在直播脚本上一定要备注好每个人的工作安排和职责，这样能够提高直播运营的效率，还能培养团队成员之间的默契。

（4）引导直播互动

把优惠、游戏、抽奖等互动环节安排在直播的哪个时间段也是要在直播脚本中提前制定好的，可以在特定的时间设置一些限时、限量的福利活动。一般来讲，抽奖活动是直播互动环节的高潮，合理利用这些互动环节能够有效提升直播的用户转化率。主播在与用户互动时一定要营造急迫的气氛，反复强调福利的稀缺性和获取方式，比如"优惠大礼包只剩下最后几个名额了，机不可失，时不再来！"除此之外，还可以和用户进行情感互动、故事性互动等，增进彼此的感情。

2.2.1　直播大纲：规划方案

直播大纲一般包含9个模块，即直播目标、直播类型、直播简介、人员安排、直播时间、直播主题、流程细节、推广分享、直播总结。

（1）直播目标

首先得明确你直播想要达到的目标是什么，这个目标要尽可能地具体量化，只有这样你的直播才会有方向和动力。比如观看人数、转化率、成交额等。

（2）直播类型

其次就是要确定直播的类型，也就是直播的标签或频道，是要做音乐主播呢，还是想在游戏区直播呢，抑或是在电商平台直播带货，这个可以根据自己的爱好或者特长来选择适合自己的分类。直播类型的确定实际上就是锁定目标受众群体，有利于形成自己的风格和特色。

（3）直播简介

直播简介是对直播的核心内容进行提炼和概括，让受众一眼就能明白和了解直播的大概内容。

（4）人员安排

对于较为大型的直播活动来说，个人要想完成直播流程的整个过程是非常困难的，这时候就需要组建直播运营团队，安排人员来协助主播完成直播的各项工作，这样能集众人的力量把直播做得更好，同时也减轻主播的负担。

（5）直播时间

确定好直播时间是直播大纲的一个重要组成部分，直播时间的确定需要迎合受众粉丝群体的生活习惯和需求。比如是在周一至周五，这段时间绝大部分人都在工作或者读书，直播最好选择在晚上进行；如果是在周末，则下午或者晚上都可以，合理的直播时间能够增加直播的观看人数。

确定好直播时间之后一定要严格地执行，并且要准时开播，尽量使直播的时间段固定下来，这样能在受众心中建立信誉良好的形象，养成受众按时观看直播的习惯，增强粉丝的黏性。

（6）直播主题

直播主题本质上就是告诉受众直播的目的是什么（这个目的不是对主播方面而言的），明确直播主题能够保证直播内容的方向不会跑偏。直播的主题可以从不同角度来确定，比如产品的效果展示、功能特色、优惠福利、方法技巧教程等，需要注意的是，主题要足够清晰。

（7）流程细节

直播的流程细节就是直播的脚本策划，是指开播后直播内容的所有环节，每个环节都有对应的时间节点，并严格按照计划来进行。

（8）推广分享

直播开始前和直播进行的时候要做好直播的宣传推广工作，包括各个平台渠道的引流和推广，尽可能地吸引更多人前来观看直播，以提升直播的人气和热度。

（9）直播总结

直播结束之后，我们要对直播的整个过程进行回顾，总结经验和教训，发现其中存在的问题和不足，对于一些好的方法和措施要保留和继承，以不断完善和改进自己的直播。

2.2.2 直播脚本：案例展示

前面介绍了直播内容的流程细节，下面以淘宝直播为例，为大家介绍直播带货的脚本策划模板，帮助大家了解每个环节步骤，写好直播脚本。

1.直播主题

直播的主题即直播间的标题，该直播的主题为："微胖妹妹夏季显瘦穿搭"。

2.主播及介绍

此次直播的主播是："唐不灵bling微胖"，该主播的身份是：品牌主理人、时尚博主、模特。

3.直播时间

5月19日14点到18点。

4.内容流程

该直播的流程一共分为12个环节，具体内容如下。

（1）前期准备

直播开始之前的前期准备工作包括直播宣传、明确目标、人员分工、设备检查、产品梳理等。

（2）开场预热

14:00～14:15先与前来的受众适度互动并自我介绍等。

（3）品牌介绍

14:15～14:30强调关注店铺、预约店铺。

（4）直播活动介绍

14:30～15:00直播福利、简介流程、诱惑性引导。

（5）产品讲解

15:00～16:00从外到内，从宏观到微观。语言生动真实

（6）产品测评

16:00～16:30从顾客的角度360度全方位体验。

（7）产品性观众互动

16:30～17:00为观众进行案例讲解、故事分享、疑问解答等。

（8）试用分享、全方位分析

17:00～17:15客观性，有利有弊，切忌夸夸其谈。

（9）抽取奖品

17:15～17:30抽奖互动，穿插用户问答。

（10）活动总结

17:30～17:45再次强调品牌、活动以及品牌调性。

（11）结束语

17:45～18:00准备下播，引导关注，预告下次内容和开播时间。

（12）复盘

直播结束之后对整个过程及时进行复盘，发现问题、调整脚本、优化不足等。

以上就是淘宝直播脚本策划的整个流程和步骤，只有制定一份详细、清晰和可执行的脚本，考虑各种突发状况的应对方案，才能最大限度地保证直播的顺畅进行和达到主播的预期目标。

需要注意的是，直播脚本的内容并不是一成不变的，只有不断地优化和调整脚本才能对直播的操作更加游刃有余。一份出色的直播脚本是直播取得不错效果的必要条件，可以让你的直播有质的提升和飞跃。

2.3 提炼自己的个人特色

对于主播而言，只有不断输出有创意的优质内容，打造差异化，形成自己独特的风格和特色，才能在竞争激烈的直播行业中占据一席之地。本节主要介绍从粉丝的反馈和主播自身优势的发挥这两方面来打造和提炼直播内容的个人特色。

2.3.1 从评论和私信中了解粉丝需求

直播是一场关于主播和用户之间的互动与交流，对于内容的安排和把握除了按照自己的想法来展示给用户之外，还需要在直播的过程中通过和用户的互动来了解用户的想法和需求。

俗话说得好，"顾客就是上帝"，没有用户和粉丝的支持与关注，直播就毫无意义，所以主播在考虑直播内容时要从用户的需求出发，抓住他们的痛点，给用户展示他们想看的内容，这样做会使粉丝感到一种"被宠爱"的感觉，从而更加喜欢主播，维护主播，增加粉丝对主播的信任，加深彼此的互动和联系，也有利于个人特色和IP的形成与打造。

例如，B站的一个名叫"爱闹腾的老王"的UP主，在创作内容时就经常根据网友的留言和评论来选择直播或视频的话题，如图2-10所示。

图2-10　以用户的需求来创作内容

从案例的标题中我们可以看出，该UP主的直播或视频的内容创作点是以网友或用户的切身利益来展开的。这样不仅能吸引大量的用户观看，还能帮助他们解决实际的问题，将自己所擅长的领域和用户的需求痛点结合起来，形成了自己独特的内容特色，加强了粉丝的忠实度和黏性。

2.3.2　利用自身优势来打造个人特色

对于新人主播来说，要想打造具有个人特色的直播内容，可以从自身优势入手，包括你的兴趣爱好、特长技能等。也就是说只做自己了解或者擅长的内容和领域，这样更有利于打造个人的特色风格。

例如B站UP主"罗翔说刑法"的罗翔老师是中国政法大学的教授，因为早期讲解的厚大法考的知识点和案例的视频被大量在B站转载而走红，之后受邀入驻B站平台，分享一些法律知识和对刑事案件的分析。

他的观点见解独到，语言幽默风趣，特别是在进行知识点的举例时，经常拿虚拟人物"张三"作为代表，导致被广大网友调侃为"法外狂徒张三"，成了一个网络流行的梗。图2-11所示为罗翔老师在B站上分享法律知识讲解的视频或直播，这样的内容便是利用自身的优势来打造个人特色风格的体现。

图 2-11 "罗翔说刑法"的相关截图

自身的优势可以是先天优势,也可以是后天优势,先天优势指的是颜值高或者声音很好听;后天优势指的是通过学习所掌握的技能,比如才艺、知识等。

图 2-12 所示为 B 站 UP 主"封茗囧菌"的游戏直播录屏。这个主播的声音很好听,声线属于可爱少女型,吸引了一大批男性粉丝,她不仅歌唱得很好听,人也长得不错,还会打游戏。其中,独特的嗓音是她最大的特色。

图 2-12 "封茗囧菌"直播录屏

第3章
11个方法：塑造直播主播的人设魅力

对于直播来说，个人形象是非常重要的，它会直接影响主播的人气和直播的效果。因为人常会凭第一印象去论断别人，个人形象决定了观众对主播的好感和喜爱程度。所以，本章主要是帮助主播打造个人形象，以及主播的人设魅力。

3.1 直播主播的人设塑造

随着直播行业的快速发展，入驻直播平台的主播不计其数，但在众多的主播中，能给人留下深刻印象的人却少之又少，原因在于大部分主播都没有一个属于自己的清晰的人设定位，而清晰的人设定位又是打造个人风格特色、形成自己品牌和IP最为重要的条件。

通过对比那些顶级流量的网红主播不难发现，他们都有一个共同特征，那就是拥有属于自己的个性鲜明且非常受欢迎的人设，这是他们区别于其他网红或主播的原因之一。什么是人设呢？人设的作用又是什么？究竟该如何打造适合自己的人设？接下来就为大家一一揭晓。

3.1.1 人设的定义及作用

人设是指人物形象的设定，通过设计人物的外貌特征、服装样式、身份背景、性格特点以及行为习惯等来营造在别人心中的印象。人设的概念最早起源于日本动漫产业的人物设定，是动画创作术语，后来被引用到剧本和故事的创作中，现在被普遍应用于个人形象的打造，尤其是娱乐明星。

人设用来吸引特定的群体，比如大家说某人的性格是积极乐观、善良宽容，非常受别人的欢迎和喜欢，当他得到的这种评价越来越多、越来越久时，就会自动去维持这种形象和表现，于是这种性格就变成了他的人设。

人设这个词在娱乐圈非常流行，明星给自己设立人设是为了吸引特定的粉丝。如今粉丝对明星的消费选择是基于个人爱好，"萝卜青菜，各有所爱"，明星个人很难满足所有人的喜爱和需求。所以明星需要打造自己的人设，垂直化运营，投其所好。

不仅明星要给自己设立人设，普通人也会有意无意地给自己设立人设，比如宅男、学霸、吃货等标签，我们建立人设最常用的手段就是发朋友圈，通过分享自己的价值观、情绪喜好、生活场景等来提升自己在他人心目中的形象，获得更多的关注和认可。

在人际交往的过程中设立人设还有利于快速建立人际关系，大家通过各种标签来选择适合自己的人交往。物以类聚，人以群分，在这个信息爆炸的时代，别人没有时间慢慢了解你，为了高效地给别人留下印象，需要事先设立好自己的人设。

对于主播来说，建立人设是为了管理和控制观众对自己所形成的印象，这个过程在心理学上被称之为"印象管理"。由于网络的虚拟性,要让大家了解完整真实的主播形象是不可能的,所以主播需要集中力量打造出一种讨喜的、特定的人设来让受众快速记住自己。

主播打造人设就像是商品包装,为自己贴上个性化的标签,而受众则凭借主播身上的标签来挑选自己喜欢的主播。主播的人设是最容易辨识的标签,建立人设才能和受众产生联系和互动,尽管这种人设可能和主播的真实形象不一致,但也比什么特点、个性都没有的主播要好。

积极正面的人设能够给受众留下一个好印象,为主播快速吸引粉丝。不得不承认,人设如果运营得好,对主播的作用是非常大的。下面是快手某主播和抖音主播"蕊希"在自己账号简介中设立的人设,如图3-1所示。

图3-1 账号简介里的人设

从上面左图中我们可以看到,快手某主播给自己设立的人设是一个回乡创业的农村小伙子,想通过自己的努力来帮助别人,这位主播虽然粉丝不多,但是他这种积极向上的正能量是非常受大家欢迎的。而抖音平台的这位主播则是一位小有名气的女作家、主持人,同时还是一位年轻的女老板,这种人设是根据她的身份地位和成就来设立的,显得非常真实和专业。

当然凡事有利也有弊,如果人设过于完美,严重脱离自己真实的形象,一旦哪一天某件负面事情曝光,就会导致自己长期经营的人设崩塌。这类事情在娱乐圈尤为常见。从印象管理的角度来看,很多人对外展示的形象只是他希望别人看到的自己。

3.1.2 打造合适自己的人设

前面详细介绍了人设的定义和作用,对于新人主播来说,该如何建立适合自己的人设呢?可以从以下5个方面着手,如图3-2所示。

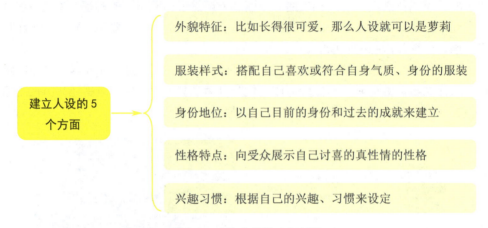

图3-2 建立人设的5个方面

接下来,我们来看一个打造合适人设的典型案例。图3-3所示为快手号"白醋少女!"的账号简介和作品展示。

图3-3 "白醋少女"的账号

从图中我们不难看出,该快手主播给自己的人设定位是可爱少女,是"一个又酷又作又可爱的反派角色",这种人设不仅符合她的真实形象,而且个性十足,惹人喜爱。那句"大家好,我是白醋少女,一个又酷又作又可爱的反派角色!"的口头禅成了她每次视频或直播的开场白,这样的做法使她的这种人设不断得到强化,吸引更多粉丝关注。

一个优秀的主播通常都具有特定的人格魅力。人格魅力本质上就是主播对自己人设的定义。打造人设可以让主播的定位更加清晰独特,使粉丝通过标签和关键词就记住自己,所以好的人设必须要有记忆点。

直播开始时的自我介绍是打造主播人设的一个绝佳机会,好的自我介绍能让你的人设更加立体饱满,并使受众对你产生信任和共鸣,从而让人印象深刻,让更多的人记住你。

主播在设定人设时,一定要考虑这个设定是否符合自身的性格,很多人一味地追求完美,"金无足赤,人无完人。"一旦你有一点没做好的地方,就会被众人"口诛笔伐",站在道德的制高点指责、绑架你,这样反而得不偿失。除此之外,人设的重点是要讨人喜欢,只有受人欢迎的人设才能吸引更多的粉丝和关注,也才能得到粉丝的认可。

> **专家提醒**
>
> 人设不要选跟自己毫不相关或反差太大的,不然严重的违和感会让受众觉得很出戏,甚至会产生反感的心理。

3.2 直播主播的形象塑造

在直播行业中,主播个人形象的塑造是非常重要的,特别是一些需要真人露镜的直播,主播的外貌、着装、形象气质在很大程度上影响着直播间的人气和直播的效果。

当然,颜值和外貌这种东西是相对的,古人云:"以色事人者,色衰而爱驰,爱弛则恩绝。"美貌会随着时间的流逝和年龄的增长而不复存在。作为一名主播,不能只靠颜值,还得有一定的才艺技能和人格魅力,这样直播事业才能做得长久。为了帮助主播打造高颜值的形象外貌,笔者将从以下4个方面来分别讲述。

3.2.1 选择合适的直播装束

俗话说得好:"佛靠金装,人靠衣装。"一个人的穿着打扮能体现他的整体气质,对于主播来说更是如此。不同的服装搭配能给人不同的视觉感受,主播可以根据直播的主题和内容来选择适合的服装风格,这样不仅能满足不同受众的需求,还能给自己的直播增添色彩。

需要注意的是,并不是所有主播都适合尝试不同风格的服饰,如果强行尝试其他类型的衣服,则会显得很不自然和协调,反而会拉低主播的颜值。

对于主播的服装搭配,应该从自身条件、搭配协调和受众观感这3个方因素考虑,如图3-4所示。

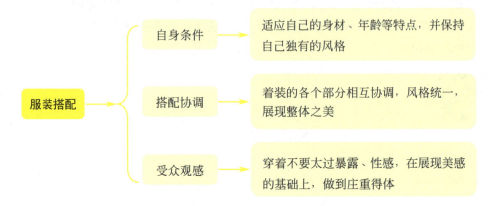

图3-4 主播服装搭配应考虑的3个因素

另外,主播的发饰也是一个重点,对于女主播来说,不管长发还是短发,选择自己喜欢和适合的风格就好。但需要注意,头发不能显得太过凌乱,要自然干净。男生的话,一般有刘海会显得比较阳光帅气。

3.2.2 直播主播的化妆技巧

除了服装搭配,化妆也是绝大部分主播的必备技能之一。主播要想吸引更多的受众观看直播,就得学会化妆技巧,提高自己的颜值,接下来笔者就为新人主播介绍一些常用的化妆技巧。

(1)清洁护肤

先用洗面奶清洁皮肤,然后用爽肤水和乳液给皮肤补充水分,使皮肤保持滋润,为化妆做好准备。

（2）遮瑕美化

涂抹隔离霜、BB霜遮掉脸部的瑕疵，然后根据自己的肤色选择与之相同或者接近的粉底液，这样看起来会显得更加自然、真实，上完粉底之后用散粉定妆。

（3）眉毛眼影

紧接着就是化眉毛和眼影，一般是先画眉毛再画眼影，画眉毛使五官轮廓更有型，画眼影使眼睛变大、更加漂亮。选择适合自己颜色的眉笔，先勾勒出眉形的框架，再填充。眼影的话，建议新手主播选择单色眼影。图3-5所示为眉妆和眼影的效果参考。

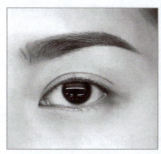

图3-5　眉妆和眼影的效果参考

（4）腮红口红

画完眉毛和眼影之后，涂腮红跟口红同样根据自己的肤色选择。当然，每个人的脸型不同，涂腮红的位置也会有所不同。最简单的腮红画法是在苹果肌处由外向内画圆，至于口红，选择自己喜欢的颜色、款式。

以上就是主播化妆技巧的基本步骤，精致的妆容能让更多的受众变成你的粉丝，化妆不仅能提升主播的个人形象，而且能提升受众的观看体验。对于直播来说，化妆是快速提高主播颜值的最实用的方法，相对于整容，化妆具有以下几个优势，如图3-6所示。

化妆相对于整容的优势
- 化妆的成本要比整容低很多
- 化妆的技术难度比整容要低
- 化妆的风险比整容要小很多

图3-6　化妆相对于整容的优势

除美妆类的直播以外，主播在化妆的过程中应该考虑受众的视觉感受，第一要求就是让人赏心悦目。当然，主播的妆容还要考虑自身的形象和气质，不要因为妆容而破坏了原本独有的气质形象。

3.2.3 选择合适的直播角度

不同的直播类型，主播所选择的上镜角度不同，呈现给受众的直播效果也不一样，下面就给大家介绍直播中几种常见的角度。

（1）俯视角度

图3-7所示为俯视的直播角度。

（2）近距离和远距离

近距离的直播角度能突出产品或主播画面的细节，远距离的直播角度能展示直播间的全貌，如图3-8所示。

图3-7　俯视的直播角度

图3-8　近距离和远距离的直播角度

（3）正面和侧面

图3-9所示为主播正面和侧面的直播角度。

图 3-9　正面和侧面的直播角度

其实，还有一种特殊的直播方式——不露脸直播，这种方式在游戏直播中比较常见，这样做的好处不仅能使受众全神贯注地观看直播，还能给主播营造出一种神秘感，让受众对主播的外貌产生强烈的好奇心。

3.2.4　主播精神面貌很重要

另外，主播的精神面貌也很重要。如果精神状态好，直播也会有不错的效果，如果精神状态不佳，直播效果就有可能大打折扣，所以在直播时保持良好的精神面貌非常重要，它能够感染受众情绪，增强直播间的气氛。

3.3 掌握直播常见的话术

掌握常见的直播话术是主播必备的技能，能够为主播带来更好的直播效果。本节主要对5种常见的直播话术进行介绍和分析，以帮助新人主播更好地提升直播的能力和效果。

3.3.1　定制适合自己的欢迎话术

当有用户进入直播间时，直播的评论区会显示其昵称信息，主播在看到消息动态之后,需要对用户表示热烈的欢迎。当然,为了避免欢迎语过于单一,主播可以根据自身的习惯风格和用户群体的特征等制定相应的欢迎话术。一般来说,常见的欢迎话术主要有以下几种,如图3-10所示。

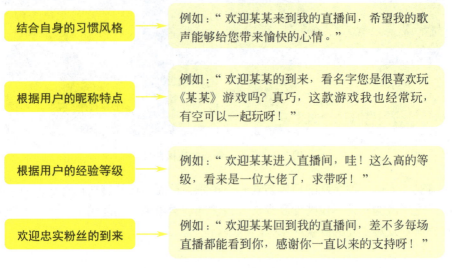

图3-10 常见的欢迎话术

3.3.2 用感谢话术真诚表示感谢

当用户在直播中购买产品或者给主播刷礼物时,主播需要通过一定的话术对用户表示感谢,如图3-11所示。

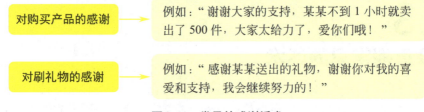

图3-11 常见的感谢话术

3.3.3 用提问话术调动粉丝参与

在直播间向用户提问时,主播要使用更能提高用户回复率的话语。对此可以从两个方面进行思考,具体如图3-12所示。

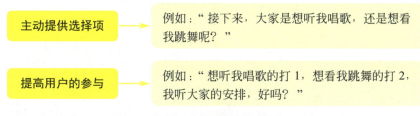

图3-12　常见的提问话术

3.3.4　使用引导话术时注意技巧

主播要懂得在适当的时候引导用户，根据自身的目的让用户为你助力。可以根据不同的目的用不同的话术对用户进行引导，具体内容如下。

① 引导购买。例如："才半个小时就只剩一半的库存了，要买的抓紧时间下单哦！"

② 引导刷礼物。例如："我被对方反超了，大家给力点，让对方看看我们真正的实力！"

③ 引导直播氛围。例如："咦！怎么直播评论区一直没有变化呢？大家能听到我的声音吗？"。

例如："接下来将是压轴大戏，你们的鲜花刷得越多才越有机会被看到哦！"

3.3.5　下播的话术是必不可少的

当直播即将结束时，主播应该通过下播话术向用户传达直播结束的信息，具体如图3-13所示。

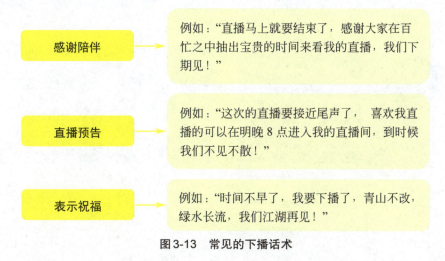

图3-13　常见的下播话术

第4章
14个技能：快速提升主播的直播能力

掌握直播的各种技能对于新人主播来讲是十分必要的，只有培养主播自身的技能，提升主播的各种基本能力，才能将直播做好。本章主要从培养主播技能的方法和提升主播的基本能力两方面，介绍如何快速提升主播的直播能力。

4.1 培养主播技能的方法

作为一个新人主播，要想快速获得更多的粉丝，就需要培养自己的直播技能。培养直播技能的方法有多种，下面就来介绍其中最常见的5种方法，以帮助新人快速掌握直播的技巧。

4.1.1 学会控制场面

对于一个新人主播来说，学会控制直播间的场面，把握直播的节奏是必备技能。大多数主播在刚开始直播的时候，观众人数非常少，再加上自己没什么直播的经验，经常会出现冷场的情况。如果主播只是被动地回答受众的问题，不积极主动寻找话题，一旦受众想要了解的都得到满足之后，就会不再回应或者直接离开直播间，那么场面就会十分尴尬。

基于上面这种情况，新人主播在刚开始直播的时候常常没有自己是主角的感觉，反倒有点像"打酱油的"，这样怎么可能吸引更多受众前来观看呢？所以，主播要切记，在整个直播过程要始终牢牢掌控直播间的主动权。

要想掌控直播间的主动权，主播除了回答问题，还需要寻找话题。受众一般是为了寻找乐趣、打发时间才来到直播间的，如果主播只是被动地等待受众制造话题，那受众当然会觉得没意思。这就好比看电视节目，无聊的节目内容只会让观者感觉被催眠，然后立马换台。

如果主播能够做到一个人就能"carry全场"，各种话题都能够侃侃而谈，从诗词歌赋到人生哲学，那么受众的注意力就会被牢牢吸引住，而要想达到这种效果，就需要主播平日里花时间和精力去涉猎大量的话题素材。

主播可以根据每天直播的话题设置不同的主题，同时让粉丝参与互动，这样不仅能提高直播间的活跃度，还能让受众觉得主播知识渊博、专业靠谱，就会对主播产生敬佩之情，这样主播就比较容易控制直播间的场面和气氛了。

除此之外，还有一种情况也是主播要高度重视的，那就是突发情况的应对。而这其中最常见的就是对于极个别故意在直播间带节奏、和主播唱反调的受众，对于这种情况，主播一定要心平气和、冷静理智，不要去回应他们任何的言语攻击，毕竟群众的眼睛是雪亮的，孰是孰非大家心里都有杆秤，所以主播只需要在谈笑间将捣乱的人踢出直播间即可。

这样主播才能始终控制直播间的场面和节奏，按照计划将直播顺利地进行下去。学会控制直播场面能够快速提升新人主播对直播的自信，让主播有一种掌控全局、众星捧月般的感觉，能够激发主播继续直播的动力，让主播在自己的舞台上更好地大放光彩。

4.1.2 真诚对待粉丝

有的新人主播经常问这样一个问题："我想做直播，但是没有高颜值怎么办？"其实那些看起来美若天仙的主播在直播时靠的都是美颜和滤镜的效果加持，而不靠颜值吃饭却依然火爆的主播也大有人在，所以笔者觉得颜值并不能完全决定直播的效果和主播的人气。

那什么才是快速吸引受众的关键呢？直播是一场关于人与人之间的互动交流，所以关键还是在于人。如果经常看直播的话就不难发现，那些人气火爆、粉丝众多的主播不一定拥有很高的颜值，但是他们普遍拥有较高的情商，非常善于与人沟通交流，不管认识的还是不认识的都能说上话。而且，不管受众从什么时间段进入直播间，都能被主播精彩的直播内容所吸引。

对于新人主播来讲，直播最重要的就是学会和多人互动，让受众时刻感受到主播的热情和走心的服务。当粉丝需要倾诉时，主播就认真听他诉说并安慰他，尽量聊粉丝感兴趣的话题，和粉丝建立共同语言。

只有把粉丝当成朋友来对待，把他们放在心上，主动去了解他们关心的事物，才能让粉丝感受到主播的真诚，从而增进彼此之间的感情，增强粉丝对主播的信任和黏性以及忠实度。

在虚拟的网络世界，主播要想维护和粉丝之间的感情就得靠真心和诚意，粉丝之所以会给主播刷礼物，很大一部分是因为其人格魅力，是主播的真诚打动了他们，所以他们才会心甘情愿为主播买单。

感情是沟通出来的，礼物是通过和粉丝交心交出来的，刷礼物代表了粉丝对主播的喜爱和认可，也只有粉丝主动地打赏，才能说明粉丝的直播体验很好。很多新人主播在刚开播时，为其刷礼物的也只有亲朋好友，正因为是这层关系，所以他们才刷礼物以表示支持。

主播下播之后要多去关注给你刷礼物的粉丝的动态，让粉丝感觉到你很关心他，让他觉得自己是有存在感的，这样不仅能使彼此之间的感情更加牢固，还能获得相应的尊重。

4.1.3 学习多种才艺

对于新人主播而言，要想进行一场精彩的直播，光有真诚是不够的，还得要有能力，也就是说作为一名主播，要学习多种才艺来获得观众的喜爱和认可。才艺的种类非常之多，主要有：唱歌跳舞、乐器表演、书法绘画、游戏竞技等。不管你学哪种才艺，都能为你的直播吸引更多的粉丝。当然，如果你全部都能学会，那就更好了。下面就来分别介绍几种才艺类型的直播。

（1）唱歌跳舞

基本上每个人都会唱歌，只是好听与难听的区别，而对于那些天生音色和嗓音比较好的主播来说，就可以充分利用自身的优势吸粉。还有那些身材很好，喜欢跳舞的主播，也可以利用自己优美的舞姿吸引受众前来观看。

图4-1所示为歌手"封茗囧菌"在直播间唱歌的直播；图4-2所示为某几个网红跳舞的直播视频。

图4-1　直播唱歌　　　　图4-2　直播跳舞

（2）乐器表演

乐器表演也是吸引受众观看直播的一种很好的方法，乐器的种类有很多，但较常见的乐器表演是弹钢琴。图4-3所示是钢琴表演的才艺直播。

图4-3　钢琴演奏直播

（3）书法绘画

书法绘画的才艺表演要求主播的作品必须足够优秀和好看，才能吸引受众的注意力，获得受众的欣赏和赞美。图4-4所示为某主播进行绘画演示的直播。

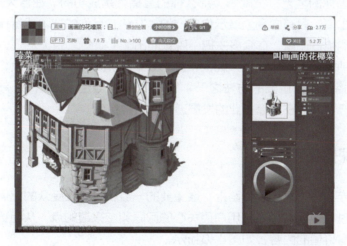

图4-4　直播绘画

（4）游戏竞技

游戏竞技类的直播可谓是最常见也是最主流的一类直播类型，虎牙、斗鱼这一类的直播平台都是以游戏直播为主。如果主播喜欢玩游戏，对热门游戏（如英雄联盟、绝地求生、穿越火线等）有深入的了解，并且游戏战绩还可以，对游戏的操作和玩法也有自己独到的见解，那么就可以做游戏直播来吸粉。图4-5所示为某主播的英雄联盟游戏直播实况。

图4-5 游戏竞技

不管什么类型的才艺表演，只要能够让受众耳目一新，能够吸引他们的兴趣和注意，并且为你的才艺打赏喝彩，那么你的直播就是成功的。在各大直播平台上，有着无数的主播，只有向受众展示你独特的才艺，并且你的技术或者作品足够精彩和优秀，才能抢占流量，在众多主播中脱颖而出。

学习多种才艺对主播的个人成长和直播效果的提升作用非常之大，这也是主播培养自己直播技能最重要的方法之一，所以对于新人主播来说，只有不断充实自己，提升自己，才能在直播行业的发展道路上走得更远。

4.1.4 深挖痛点需求

在主播专业能力培养的道路上，最重要的一点就是抓住受众的痛点和需求。主播在直播的过程中要学会寻找用户最关心的问题和感兴趣的点，从而更有针对性地为受众带来有价值的内容，如图4-6所示。

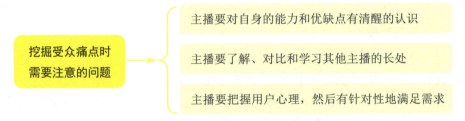

图4-6 挖掘受众痛点时需要注意的问题

主播在创作内容时，要抓住受众的痛点，以这些痛点为标题来吸引受众的关注，弥补受众在现实生活中的各种心理落差，让其在直播中得到心理安慰和满足。受众的主要痛点有安全感、价值感、支配感、归属感等。

4.1.5　垂直输出内容

仔细观察那些热门的主播不难发现，他们的直播内容具有高度垂直的特点，像李佳琪专注于电商直播带货领域，冯提莫因游戏直播而走红。什么是垂直呢？垂直就是专注于一个领域来深耕内容，领域越细分，直播内容的垂直度就越高。

所有的内容创作领域都非常注重账号内容的垂直度，内容的垂直度影响账号权重高低，也影响平台对发布内容的推荐，更重要的是还影响受众对内容创作者专业程度的判断。也就是说，内容的垂直度越高，吸引过来的粉丝群体精准度就越高，也越优质。

那么对于主播来说，该如何来打造自己高度垂直的直播内容呢？俗话说得好："三百六十行，行行出状元。"只有深挖自身的优势，了解自己的兴趣特长所在，才能打造属于自己的直播特色。

找到自己最擅长的技能和领域之后，就要往这个方向不断地去深耕内容，垂直化运营。例如：有的人玩游戏的水平很高，于是他专门做游戏直播；有的人非常擅长画画，于是她在直播中展示自己的作品；有的人热爱时尚美妆，于是她直播分享化妆技术和教程。

精通一门专业技能，然后依靠自身的专业技能垂直输出直播内容，吸粉和变现就会更容易。当然，主播在直播之前还需要做足功课，准备充分，才能在直播的时候从容不迫，最终取得良好的直播效果。

4.2　提升主播的基本能力

对于新人主播来讲，从各个方面提升自身的基本能力是打好直播基础的重要前提。本节主要介绍提升主播能力的9个方面，以帮助新人主播全面提升直播能力，完成"脱胎换骨"的转变。

4.2.1 数据分析能力

第1章的掌握直播运营的工作环节中提到过数据运营,而数据分析能力是主播必备的基本能力之一。那么,如图4-7中总结了直播数据分析包含的几个指数。

```
                              ┌─ 人均观看直播的时长
                              │
                              ├─ 观看直播的人数总量
                              │
    直播数据分析包含的指数 ────┤─ 主播的粉丝人数总量
                              │
                              ├─ 直播间的互动率情况
                              │
                              ├─ 主播直播的收益总额
                              │
                              └─ 主播开播的时间长短
```

图4-7 直播数据分析包含的指数

众所周知,进行数据分析必须借助一些数据统计平台或者数据分析工具,通过这些数据,我们不仅可以清楚自身的账号运营情况,还能对比和了解其他运营者的账号数据。所以,下面推荐两个直播数据的分析平台和工具,一个是新榜,另一个是得利豆数据。

(1)新榜

新榜是一个专业的自媒体平台、短视频平台和直播平台数据的采集、分析的网站,它不仅提供各大平台的数据服务,还提供营销方案、运营策略、账号交易等。图4-8所示为新榜平台的淘直播主播数据的月排行榜单。

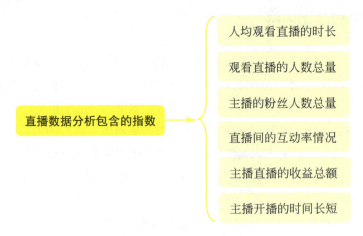

图4-8 新榜的淘直播主播月榜

（2）得利豆数据

得利豆数据是一个专注于抖音短视频直播、商品、达人和题材数据分析的平台，重点提供抖音电商数据分析的服务，包括电商榜单、抖音直播数据、热门素材、达人榜单数据等。下面就给大家逐一介绍。

① 电商榜单。电商榜单又分为商品推广榜、商品销量榜、品牌排行榜、商品视频榜。商品推广榜的商品排名越靠前，说明这个商品的推广效果越好，热度越高。根据排名，用户能够快速找到热门商品并跟进流量热点，如图4-9所示。

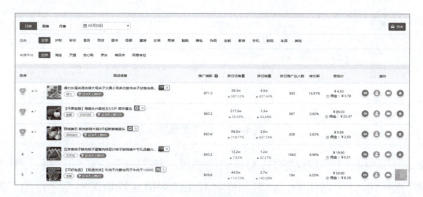

图4-9　商品推广榜

商品销量榜根据抖音平台推广的产品销量进行排序，可以快速找到时下最火爆的商品；品牌排行榜的商品品牌指数越高，说明该品牌的市场占有率越高，综合实力越强；商品视频榜可以看到抖音电商视频点赞的排名，根据排名可以找到时下最火热的商品视频素材和关联的商品。

② 抖音直播数据。抖音直播数据分为抖音直播带货榜和抖音直播商品榜。直播带货榜根据直播带货的商品销量进行主播排名，如图4-10所示。

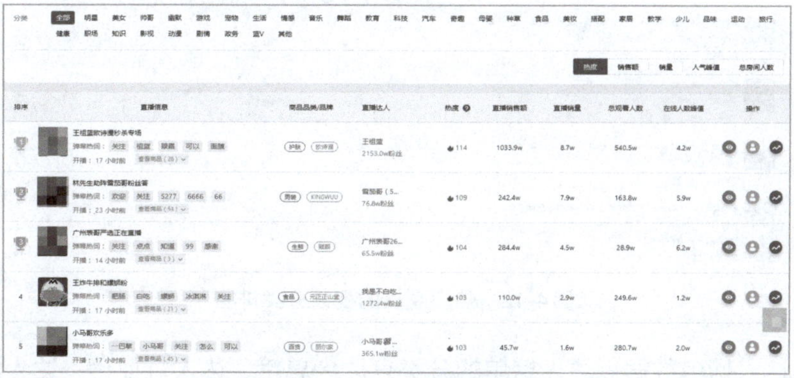

图4-10　直播间带货榜

直播商品榜可以快速找到卖得最好的几款商品，如图4-11所示。

图4-11 直播商品榜

③ 热门题材。热门题材的分类有热门视频、热门音乐、热门话题、热门道具。通过热门题材的排行榜搜索，内容创作者或主播可以轻松查询抖音平台当下的热点素材，并结合直播账号的定位进行借鉴、模仿，这样更容易打造爆款的直播内容。图4-12所示为热门题材的视频分类排名。

图4-12 热门题材的视频分类排名

④ 达人榜单数据。达人榜单的分类有达人总榜、达人行业榜、达人涨粉榜、达人掉粉榜、达人地区榜。图4-13所示为达人涨粉榜。

第4章 14个技能：快速提升主播的直播能力

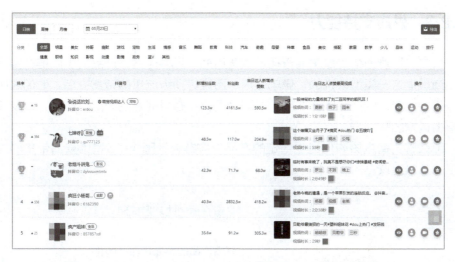

图4-13 达人涨粉榜

以上就是给大家推荐的两个直播数据分析的平台和工具，希望主播能够善加利用，以提高自己的直播数据分析能力。

4.2.2 平台运营能力

既然入驻了直播平台，成了一名主播，就必须要掌握直播的平台运营能力。那么直播平台运营的主要内容有哪些呢？可以通过图4-14初步了解。

对于新人主播来说，建议先把一个直播平台运营好再去考虑其他平台，这样基础会更加牢固。还有一点千万要记住：不可同时签约两个直播平台，否则将要支付巨额的违约金。

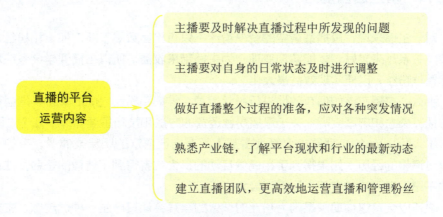

图4-14 直播的平台运营内容

061

4.2.3 供应支持能力

供应支持能力指的是主播直播带货背后的产品供应链,产品的供应链主要是针对电商直播这一类型来说的,像李佳琦、薇娅等顶级流量的带货主播,他们之所以能取得如此惊人的产品销售业绩,是因为拥有完整且成熟的产品供应链,以及专业的直播运营团队。

那么,主播应该如何建立稳定的产品供应链呢?图4-15是给直播带货的主播提供的几条建议。

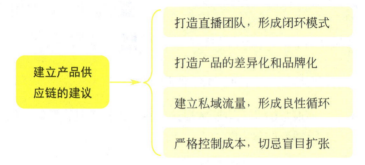

图4-15 建立产品供应链的建议

对于电商主播而言,要么是自己寻找拥有货源的产品供应链厂家合作,要么就是自身就是电商商家,能独立生产产品。不管是哪种情况,主播在选择商品时一定要注意价格和品质这两个方面,只有产品价格足够低、质量足够好,才能吸引消费者的购买欲望。另外,所选择的产品一定要符合绝大多数人的需求。

4.2.4 粉丝运营能力

对于主播来说,直播最重要的就是粉丝,只有粉丝数量不断增加,和粉丝之间的情感关系越来越好,才能实现变现,为主播带来收益。所以主播要学会系统地运营和管理粉丝,以便实现效益最大化。

那么,主播应该如何有效地进行粉丝运营,维护和粉丝之间的关系,增强粉丝对主播凝聚力和忠诚度呢?关于直播粉丝运营的方法和技巧主要有以下几个方面。

① 满足粉丝的心理需求。绝大多数人都有自己喜欢的明星或偶像,有的人曾经有过追星的经历,如果得到了和偶像互动的机会或者得到了偶像的签名,往往会激动不已,自己的"虚荣心"得到极大的满足。

之所以会有这种现象是因为粉丝对偶像的崇拜会让其产生一种优越感,主播和粉丝之间的关系也是如此。所以,主播要想办法满足粉丝的这种心理需求,这样能进一步加深粉丝对主播的喜爱程度，从而达到粉丝运营的目的。

② 建立粉丝群。要想更好地管理和维护粉丝，最直接、最有效的方法就是建立粉丝QQ群或微信群，同时设置几名管理员或者助理帮助主播运营粉丝群，主播平时有空就到粉丝群和群成员交流互动，还可以举办群活动调动粉丝的参与度和活跃性，增进彼此之间的情感和信任。

另外，主播在直播的时候可以将自己的粉丝群号码留在直播公屏上，以便不断地将新的粉丝引流至粉丝群，搭建自己的私域流量池。

③ 举办粉丝线下见面会。举办粉丝线下见面会能满足粉丝和主播近距离接触的愿望，有利于主播更直接地了解粉丝的需求，进一步加深彼此之间的联系，显得主播平易近人，增强粉丝黏性和凝聚力。

主播尽量不要与某个粉丝单独在线下约见面，这也是为了双方的安全着想。

4.2.5　内容创作能力

直播内容的创作是每个主播所必须具备的能力，提升主播的内容创作能力也是做好直播的关键。毕竟，在这个流量巨大的互联网时代，内容为王，只有能为用户提供优质内容的主播，才能抢占更多的流量份额，获得更多的流量变现收益，将自己的直播事业发展壮大。

主播要想提升内容创作的能力，就必须在平日里多积累直播素材，努力学习各种专业知识和技能，不断充实自己，开阔自己的视野，这样主播在策划直播内容时才会有源源不断的创作灵感，也才能持续地输出优质的直播内容。

主播不能原地踏步、故步自封，要不断地推陈出新，生产有创意的内容，让受众看你的能力和努力，这样你的直播事业才会做得更长久。

4.2.6　语言沟通能力

主播在与粉丝互动的过程中一定要注意自己的一言一行，作为一个公众人物，主播的言行举止会对粉丝产生巨大的影响，尤其是那种顶级流量的网红主播。此外，主播还要避免一些可能会对受众造成心理伤害的玩笑。

主播在与粉丝沟通交流时要考虑以下3个问题，如图4-16所示。

图4-16　与粉丝互动时要考虑的问题

注意说话的时机是反映一个人良好的语言沟通能力的重要表现，所以主播在说话之前都必须把握好受众的心理状态，考虑对方的感受。举个例子，在现实生活当中，当你向某人提出意见或请求时，如果他当时正在气头上，那么你说什么他都听不进去；如果你在他高兴的时候讲，他很可能会欣然接受，马上答应你的请求。可见，会产生两种截然不同的结果，关键在于说话的时机以及听话人当时的心理状态。

例如，B站UP主兼主播"硬核的半佛仙人"在投稿的视频中大加赞扬B站用户的优秀和潜力，让受众听了非常受用和舒服，同时也暗示观看视频的受众给他"三连"。受众被UP主夸奖了之后心情很好，自然就很愿意给UP主的视频"一键三连"。

上面这个就是把握说话时机的典型案例。总而言之，只有选对说话的时机，才能让受众接受主播的意见，这样双方的交流互动才有效果。

除了要把握说话的时机，学会倾听也是主播在和粉丝沟通交流中必须要养成的习惯，懂得倾听别人说话是尊重他人的表现，这样做能使主播快速获得受众的好感，同时在倾听的过程中也了解了受众的需求，可谓一举两得。

例如，B站UP主兼主播"爱闹腾的老王"经常会认真阅读并回复粉丝和网友的私信和留言，甚至转发他们的问题，发动群众的力量，尽自己最大的努力来解决他们的实际问题，如图4-17所示就是懂得倾听他人

图4-17　懂得倾听诉求的案例

诉求的表现。

在主播与粉丝的互动过程中，虽然表面上看起来好像是主播在主导话题，但实际上是以粉丝的需求为主。主播想要了解粉丝的需求和痛点，就一定要认真地倾听他们的诉求跟反馈。

主播在和受众沟通交流时，姿态要谦和，态度要友好。聊天不是辩论比赛，尽管每个人的观点主张都不一样，但没必要分出个对错输赢。所以主播要明白，人与人之间的交往最重要的是彼此尊重，互相理解。有的时候，对并没有用。

主播在与受众互动时要做到以下3个要求，如图4-18所示。

图4-18　直播互动的3个要求

在主播的直播互动过程中，有时候会遇到这样的用户群体，他们敏感、脆弱，容易发脾气，容不得别人说他的不是，否则就会觉得自己的尊严受到了侵犯，是典型的"玻璃心"，也就是我们常说的自卑心理。

对于这一类人，尽量不要去触碰他们的敏感神经，不予理睬就好。因为自卑的人的典型特征就是以自我为中心，听不进其他意见，也不会顾及他人感受。如果他们无理取闹，扰乱直播间的正常秩序，必要时可以剔除。

4.2.7　应对提问能力

随机应变是一名优秀主播所要具备的能力，因为直播是一种互动性很强的娱乐活动，粉丝会向主播提出各种各样的问题，对于这些问题，主播要在脑海中快速找到应对的话术。

如果问的是关于主播年龄、真实姓名、兴趣爱好等隐私问题，主播可以根据自己的意愿，选择性回答；如果是关于知识专业类的问题，主播知道的就回答，不知道的完全可以大方地表明自己对这个问题不是很了解，千万不要不懂装懂，撑面子，这样不仅会误导粉丝，还会降低主播在粉丝心中的地位。反之，大方地承认不仅不会影响粉丝对主播的看法，反而会觉得主播很诚实。

如果粉丝就自己遇到的问题和烦恼向主播求助，主播应尽自己所能去帮助每一位粉丝，如果能力有限，可以发挥众人的力量。

所以，对于新人主播来说，在起步阶段就要在直播中不断锻炼自己的随机应变能力，总结经验话术，这样到后期主播成长起来之后，便可应对自如了。

主播直播之前一定要做好充分准备，特别是对于和自身专业技能相关的直播。这种情况在在线教育行业的直播中十分普遍，通常讲师在正式直播上课前都会做好直播课程内容的课件，把所要讲的相关知识点全部梳理一遍，还有的讲师会专门在课程内容讲完之后设置一个问答环节解决学员提出的疑问和问题。

再比如进行户外旅行的直播，主播不一定要有导游一样的专业能力，对任何问题都能对答如流，但也要在直播之前把旅游地点的相关情况了解好。

主播在回答粉丝提问的过程中，如果涉及当下社会热点事件和时事话题，一定要谨言慎行，充分思考之后再做回答，如果是正面积极的事件，那就予以肯定和提倡；如果是负面敏感的新闻，则不要发表任何观点或看法，要想办法转移话题。因为每个人的思想价值观、对事物的看法和主张都不一样，主播无法保证自己的观点一定是客观正确的，弄不好可能会误导舆论，对社会造成一定的影响。

> **专家提醒**　主播身为公众人物一定要对自己的言行负责，谨防影响力失控。

4.2.8　心理素质能力

在直播的过程中，难免会遇到各种突发状况，这时就非常考验主播的应变能力和心理素质了，一般在直播中遇到的突发状况主要有两种，一种是客观发生的，还有一种是主观人为的。接下来就这两种情况通过案例来具体分析。

（1）直播突然中断

主播是通过互联网与受众建立联系的，要想直播就必须搭建好网络环境。有时候主播会因为一些不可抗拒的客观因素导致直播无法正常继续下去，比如网络波动、突然停电而断网等。

面对这种情况主播不要惊慌失措，应该马上用手机重新连接直播，或者在粉丝群告知受众直播中断的原因，向他们真诚地道歉，并给予一定的补偿，粉丝得知缘由就会体谅主播，不会因为这次的小意外而不愉快。

（2）突发事件处理

客观的突发情况一般来说发生的概率比较小，最多的还是人为导致的因素，比如一些讨厌主播的人或恶意竞争的同行，为了干扰主播的正常直播，故意在直播间和主播唱反调，破坏直播间的秩序，影响主播的直播节奏，影响直播的效果。

这类现象在各个行业都有存在，一旦在直播间出现这样故意捣乱的人，主播应迅速做出反应，先好言相劝，如果他不听再将其踢出直播间。

面对人为的突发情况，主播要具备良好的心理素质，从容不迫地应对和处理，这样才能使直播继续顺利进行下去，而不会影响直播的整体效果。例如，在某演讲大会上，某演讲人正兴致勃勃地给观众演讲，突然一位手拿矿泉水的受众走上台，把整瓶矿泉水直接从演讲人的头上倒下，给演讲人来了个"透心凉，心飞扬"。

但是最让人佩服的是，该演讲者在面对这种尴尬的突发情况时非常淡定自若，反应过来之后整理了一下发型，擦掉脸上的水，对泼水的那位受众心平气和地说了一句："What's your problem（你有什么问题）？"随后迅速调整状态，继续演讲，他的这种表现获得了在场所有人的称赞和掌声。当然，那位肇事者也马上被安保人员控制。

主播们应该多多向案例中的这位演讲者学习，锻炼自己面对突发情况时的这种稳如泰山的强大心理素质，这样才能把直播做得更好。

4.2.9 调节气氛能力

直播的时间一般来说比较长，在直播的过程中不可避免地会出现冷场的情况，这是因为不管是主播还是观众，都无法一直保持高昂的情绪和高度集中的注意力，时间一久难免会产生疲惫的感觉。所以，此时就需要主播想办法调节直播间的气氛，调动受众的兴趣和积极性。

那么，主播应该如何调节直播间的气氛，避免冷场呢？可以从以下几个方面来做，如图4-19所示。

图4-19　调节直播间气氛的方法

第5章
13种话术：
增强主播日常讲话的技巧

在直播过程中，直播的日常话术是必不可少的，只有准备好必要的话术模板，才能让主播在和粉丝的互动中轻松应对，也才能让粉丝感受到直播的乐趣和主播的个人魅力。本章主要介绍如何培养主播的讲话技巧和常用的话术模板，以增强主播的语言表达能力。

5.1 增强主播的表达能力

语言表达能力是主播与粉丝互动交流所必备的社交能力。本节主要从肢体动作、幽默技巧、学会赞美、分寸尺度等6个方面来讲述增强主播表达能力的方法，以帮助主播更好地与粉丝交流沟通。

5.1.1 配合肢体动作

主播在直播时，不要只顾着讲，还要配合一定的肢体动作，这样给观众的表达效果会更加传神。为什么很多演员被喷没有演技？很大一部分原因就是这些演员在演戏时，很少有肢体动作，整个过程像是在背台词，更有甚者连表情配合都没有，这样的作品观众当然不满意。

所以，主播在与受众沟通交流的过程中，要锻炼自己的肢体语言表达能力。在笔者看来，提升肢体语言表达能力至少有以下几个方面的好处，如图5-1所示。

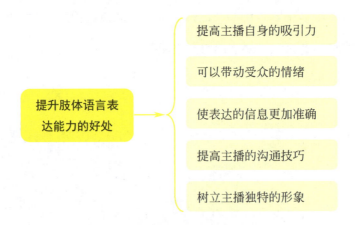

图5-1 提升肢体语言表达能力的好处

肢体语言能力的运用在演讲活动中最为普遍，那些演讲之所以能够鼓舞人心、让人心潮澎湃、激动不已，是因为演讲者在整个演讲的过程中运用了大量的肢体动作，使得演讲内容更加生动形象。

例如，"口红一哥"李佳琦在直播带货时经常用到各种肢体语言和对应的丰富的表情，这样做能引起受众高度的兴趣，注意力纷纷被主播所吸引，让直播的过程十分生动有趣。

李佳琦的直播之所以如此成功，非常重要的一点是肢体语言的运用，所以才会吸引这么多人观看。在介绍产品的过程中，配合相应的肢体动作能够更好地激发受众的购买欲望，而且这些独特的肢体动作使得他的直播内容非常具有个人特色，帮助其快速树立独特的个人形象。

5.1.2 掌握幽默技巧

在直播这个行业中，虽然高颜值是吸引受众的先天优势，但是要想在直播的道路上走得更远，光靠颜值是远远不够的。颜值并不是决定主播发展的唯一因素，如果你没有高颜值，那么就让自己成为一个幽默的人。拥有幽默口才的人会让人觉得很风趣，还能体现其内涵和修养。所以，一个专业主播的养成也必然少不了幽默技巧。

善于利用幽默技巧是主播培养表达能力的必修课。生活离不开幽默，就好像鱼儿离不开水，呼吸离不开空气。学习幽默技巧的第一件事情就是收集幽默素材。主播在平时要注意收集各种幽默素材，多看喜剧，全力培养自己的幽默感，学会把故事讲得生动有趣，让受众开怀大笑。受众是喜欢听故事的，而把故事讲得更幽默会让受众更加全神贯注，将心思都集中到直播中。

如B站UP主"大蟀蜩"兼主播投稿的配音剪辑视频。他的视频题材主要以央视版四大名著的电视剧为主，走的是搞笑路线，通过视频剪辑和配音，重新设计人物台词以及故事情节，使得内容非常搞笑，让观众看得津津有味、欲罢不能。

他之所以能够有如此好的创意呈现给受众，除了他本人具有喜剧天赋和幽默细胞外，更重要的一点是他对四大名著的喜爱和了解，他平时喜欢看各种搞笑段子和故事，所以才能源源不断地创作出幽默风趣的作品。

当主播和粉丝相处了一段时间之后，对自己的粉丝比较熟悉了，了解对方的喜好厌恶，就可以适当地吐槽他讨厌的事物以达到幽默的效果。比如他讨厌吃公司食堂的饭菜，那么你就可以这样说："我现在得自带辣椒酱，才能吃下食堂的饭。"抓住事物的主要矛盾，这样才能摩擦出不一样的火花。

段子原本是相声表演中的一个艺术术语。随着时代的变化，它的含义不断拓展，也多了一些"红段子、冷段子、黑段子"的独特内涵。近几年频繁活跃在互联网的各大社交平台上。

而幽默段子作为最受人们欢迎的方式之一，也得到了广泛的传播和发扬。微博、综艺节目、朋友圈里将幽默段子运用得出神入化的人比比皆是，这样的幽默方式也赢得了众多粉丝的追捧。

例如，B站一个名叫"短的发布会"的UP主兼主播，该账号的视频内容以手机行业各企业的新品发布会为素材，将时长两个多小时的发布会视频通过剪辑浓缩成3分钟左右，并用自己幽默风趣的语言对发布会的核心内容重新解说。

讽刺是幽默的一种形式，相声就是一种讽刺与幽默相结合的艺术。讽刺和幽默是分不开的，要想学会幽默技巧，就得先会巧妙地讽刺。最好的讽刺方法就是自黑。这样的话既能逗粉丝开心，又不会伤了和气。因为粉丝不是亲密的朋友，如果对其进行讽刺或吐槽，很容易引起他们的反感和愤怒。

很多演说家为了达到演讲的效果，经常会自黑，逗观众开心。例如，超级演说家第二季总冠军刘媛媛在一次主题为"寒门再难出贵子"的演讲中自黑说自己家都不算寒门，因为连"门"都没有，成功把在场的导师和观众给逗乐了，为演讲效果增添了几分幽默色彩。

在很多直播中，主播想方设法地制造话题，吸引人气，不惜通过自黑的方式来颠覆以往的形象。值得注意的是，主播自黑的方式虽然能吸引一定的流量和人气，但是作为一名公众人物，需要注意自己的行为举止。

5.1.3　学会赞美粉丝

主播在与粉丝互动交流的时候，一定要学会赞美粉丝的优点和长处，懂得诚心赞美和欣赏他人是尊重别人的一种表现。只有当你尊重粉丝，粉丝也才会反过来更加尊崇你。

当粉丝受到主播的赞美和表扬之后，会有一种荣誉感和自豪感，从而使粉丝对主播更加喜爱和信任，对于增进彼此之间的感情和关系，起到很大的推进作用。主播这样做不仅能增强粉丝的黏性和忠诚度，还能给粉丝留下良好的印象，赢得粉丝的尊重和拥护，双方都很愉快，可谓双赢。

在电商直播带货中，主播可以通过赞美粉丝达到产品销售的目的。例如，当粉丝担心自己的身材不适合这件裙子时，主播就可以对粉丝说，这条裙子不挑人，大家都可以穿，虽然你可能有点不适合这款裙子的版型，但是你非常适合这款裙子的风格，不如尝试一下。

5.1.4　多为他人着想

当用户表达个人建议时，主播需要站在用户的角度，换位思考，这样更容易了解回馈信息的用户感受。主播可以通过学习以及察言观色来提升自己的思想以及阅历。此外，察言观色的前提需要心思细腻，主播可以细致地观察直播互动时粉丝的态度，并且思考总结，用心去感受粉丝的想法。为他人着想可以体现在以下几个方面，如图5-2所示。

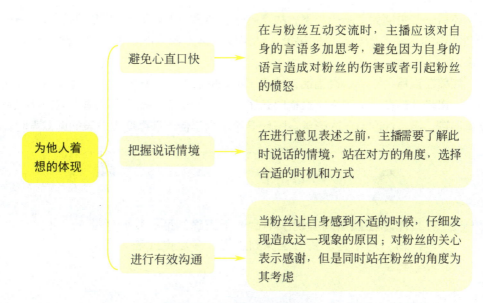

图 5-2 为他人着想的体现

为他人着想也是一种尊重别人的表现，主播只有站在粉丝的角度去思考问题，才能真正了解粉丝的需求和痛点，也才能更好地为粉丝服务。

5.1.5 保持谦虚礼貌

主播在面对粉丝的夸奖以及批评时，都需要保持谦虚礼貌的态度，即使成为热门的主播也需要保持谦虚。谦虚低调会让主播获得更多粉丝的喜爱，能让主播的直播生涯更加顺畅，并且获得更多的路人缘。

例如斗鱼游戏主播"大司马"，因其独特幽默的解说风格被粉丝亲切地称为"马老师"，尽管他在圈内的地位非常高，影响力非常大，直播事业也非常成功，但是为人却十分低调，这也是他为什么这么受人尊敬的原因。

谦虚低调的主播还有斗鱼的"女流"，此人是北大清华的双料高才生，可以说是典型的学霸，但是她却非常谦虚低调，从来不在直播间炫耀自己的学历。

5.1.6 把握分寸尺度

在直播聊天的过程中，主播要注意把握好尺度，懂得适可而止。例如在开玩笑的时候，注意不要过分，许多主播因为玩笑过度而遭到封杀。因此，懂得适可而止在直播中也非常重要。

还有一些主播为了吸引流量，故意蹭一些热度，例如为引起用户的热议发表一些负能量的话题，增加自身的热度。结果反而遭到群众的指责，最后遭到封杀和禁播。

如果在直播中不小心说错话，造成了不好的影响，应该及时向粉丝道歉。例如口红一哥李佳琦在与杨幂进行直播时开了不合适的玩笑，事后在微博上向粉丝以及杨幂道歉，希望挽回自己的形象。图5-3所示为李佳琦在微博上发表的道歉声明。

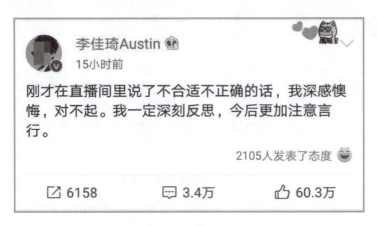

图5-3　李佳琦承认错误

5.2
培养主播的讲话技巧

直播这个行业本质上就是个开口说话的自由职业，不论是与粉丝互动，还是直播解说，抑或是直播带货，都需要讲究讲话的技巧。接下来就从话题切入、语言风格以及卖货话术3个方面讲解如何培养主播的讲话技巧。

5.2.1　选择适合的话题切入

对于新人主播来说，在直播中最大的问题就是不知道找什么话题和粉丝互动，也不知道用什么话题切入直播的内容，从而导致直播间冷场的尴尬局面。造成这种现象的根本原因是主播在直播前没有做好充分的准备，再加上没什么经验，有点心理紧张，所以效果不佳。

那么，主播在直播的过程中该如何选择合适的话题来切入呢？笔者根据自身的经验，总结了以下这些方法，具体内容如下。

① 从粉丝的兴趣爱好中寻找话题。

② 根据自身才艺特长展开话题。

③ 做好直播内容的大纲规划方案。

④ 从当下的时事热点引入话题。

⑤ 在平时的生活动态中切入话题。

⑥ 根据粉丝的提问求助展开话题。

例如，知名的电影解说主播"谷阿莫"在直播中根据群里粉丝提出的问题展开话题，这样做不仅能解决粉丝的需求和问题，增加和粉丝之间的互动，还能为直播的内容提供话题和素材。

5.2.2　培养个性化语言风格

关于主播个性化风格的语言培养，没什么具体的模板和方法供大家学习和参考，因为每个人说话的方式和语言风格都是不一样的，这取决于主播个人的性格特点以及行为习惯。

下面我们来看一个具体的案例，B站非常火爆的UP主兼主播"硬核的半佛仙人"，他直播的内容以及投稿的视频语言风格幽默有趣，非常有个性和特色，那句"是一个每天都在镜子前给自己磕头的硬核男人"的自我介绍早已深入人心，他还不忘给自己起一些极具个性的头号和称呼，比如："恰饭天王、甲方克星、预算黑洞"等。图5-4所示为"硬核的半佛仙人"的视频。

图5-4　"硬核的半佛仙人"的视频

5.2.3 直播卖货的常见问题

在电商直播带货中,主播想要营销产品,让用户下单,引导话术是必不可少的。所以,接下来就介绍直播卖货时用户的几种常见问题,为主播直播带货提供帮助和示范。

(1)提问一:"1号宝贝能试一下?"

提出这一类问题,表示用户对该产品产生了兴趣,需要知道产品的体验感受和效果,主播应尽快试穿,给粉丝看效果。有的产品主播已经试穿过,就可以告诉粉丝已经试穿过,直接点击相应商品详情中的"看讲解"回顾直播。

(2)提问二:"主播身高体重多少?"

直播间通常会显示主播的身高和体重的信息,但是有的观众没有注意到,主播可以直接回复她,并且提醒一下上方有信息,有其他的问题可以继续留言。图5-5所示,为淘宝直播的主播信息。

图5-5 主播身高体重信息栏

(3)提问三:"身高不高能穿吗?"

对于这类问题,主播可以让用户提供具体身高体重信息,再给予合理意见;或者询问用户平时所穿的尺码,例如连衣裙,可以说是标准尺码,平时穿L码的用户,可以选择L码,也可以自行测量一下腰围,再参考裙子的详情信息,选择适合自己的尺码。

（4）提问四："主播怎么不理人？"

有时候粉丝会问主播，为什么不理人，或者责怪主播无视他的问题，这时候主播需要安抚该用户的情绪，可以回复说没有不理，并且建议用户多刷几次就看见了，没有安抚的话，可能会流失掉这个用户。

（5）提问五："五号宝贝多少钱？"

最后一个是针对用户观看直播，想买主播试用过的产品，但是他没有看商品的详情，这时候主播可以建议她去找客服，领取优惠券可享受优惠价。用户在询问该宝贝多少钱的时候，如果是主播正在试用并讲解的这个，系统一般会自动弹出该宝贝的商品购买链接。

5.3 掌握常用的话术模板

主播在销售过程中，除了要把产品很好地展示给顾客以外，还要掌握一些销售技巧和话术，这样才能更好地进行商品的推销，提高主播自身的带货能力，从而让主播的商业价值增值。

每一个顾客的消费心理和消费关注点都不一样，面对合适、有需求的商品，仍然会因为各种细节因素，导致最后没有下单。

面对这种情况，主播就需要借助一定的销售技巧和话语来突破顾客最后的心理防线，促使其下单。本节将介绍几种销售的话术技巧，帮助主播提升带货能力，创造产品的高销量和高成交额。

5.3.1 "介绍"式直播话术

主播在直播时，可以用一些生动形象、有画面感的话语来介绍服装，达到劝说消费者购买产品的目的。下面是介绍法的3种操作方式，如图5-6所示。

（1）直接介绍法

直接介绍法是主播直接向顾客介绍、讲述产品的优势和特色，从而达到劝说消费者购买的一种办法。这种推销方法的优势非常节约时间，直接让顾客了解产品的优势，省略不必要的询问过程。

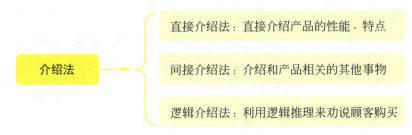

图5-6 介绍法的3种操作方式

例如一款材质非常轻薄贴身、适合夏季穿着的衣服，直接介绍服装的优点，亮出产品优势，或者在直播间标明购买服装有优惠券，以此吸引顾客购买。

（2）间接介绍法

间接介绍法是采取向顾客介绍和产品关系密切的其他事物来间接地介绍产品。例如，如果主播想向观众介绍服装的质量，不会直接说质量好，而是采用介绍服装的做工、面料来表明服装的质量过硬，值得购买，这就是间接介绍法。

（3）逻辑介绍法

逻辑介绍法是主播采取逻辑推理的方式，达到说服顾客购买产品的一种沟通推销方法。这也是线下销售中常用的推销手段。

主播在进行推销时，可以向顾客说："用几次奶茶钱就可以买到一件漂亮的服装，你肯定会喜欢。"这就是一种较为典型的推理介绍，表现为有理有据、顺理成章、说服力很强。

5.3.2 "强调"式直播话术

强调法就是需要不断地向顾客强调产品有多么好，多么适合粉丝，购买多么划算，意思就是"重要的话说三遍"。

当主播想大力推荐一款产品时，就可以不断地强调这款产品的特点，以此来营造一种热烈的氛围。在这种氛围下，粉丝很容易被感染，不由自主地下单。主播在带货时可以反复强调此次直播间产品的优惠力度，例如福利价五折、超值优惠、购买即送赠品等。

5.3.3 "示范"式直播话术

示范法也叫示范推销法，就是要求主播把要推销的产品展示给顾客，从而激起顾客的购买欲望。

由于直播销售的这种局限性，使得顾客无法亲自体验产品，这时候就可以让主播代替消费者来对产品进行体验。对于粉丝来说，由于主播相对更加了解产品的类型和款式，由主播代替自己来体验产品，粉丝也会更加放心。下面是介绍示范法的操作方法，具体内容如下。

（1）灵活展示自己的产品

示范推销法是日常生活中常见的产品销售方法，其中涉及的方法和内容较复杂，因为不管是商品陈列摆放、当场演示，还是模特试用、试穿、试吃等，都可以称之为示范推销法。

示范推销法的目的就是让消费者达到一种亲身感受产品优势的效果，通过把商品优势尽可能地展示出来，来吸引顾客的兴趣。现在的电商直播都会选择这种方式对产品细节、产品效果进行展示。

图5-7所示为美食主播展示特色美食的直播间。看着各种味道鲜美的食物，这无疑让屏幕前的观众羡慕不已，口水直流，从而产生购买的欲望。

图5-7　美食展示

（2）善于演示和讲解产品

对于带货主播来说，善于演示和讲解产品是非常有必要的，直播这种线上销售方式，无法做到顾客能够亲自使用和体验产品。这时，主播就可以在直播过程中，替顾客使用产品，通过镜头展现产品的使用效果，如图5-8所示。

图5-8 展示产品的使用效果

5.3.4 "限时"式直播话术

限时法是直接告诉消费者现在正在进行某项优惠活动，这个活动什么时候截止，在活动期间顾客能够得到什么好处。同时也提醒消费者，在活动期结束后再想购买，就要花费多余的预算开支了。

常见的话术例如："亲，这款服装我们正在做优惠活动，今天就是最后一天了，明天价格就会回到原价，和现在的价位相比足足便宜了好几百呢！如果你想购买该产品的话，请尽快下单哦，机不可失，时不再来！"

主播在直播间向顾客、粉丝做推荐时，就可以积极运用这种手法，给他们制造紧迫感，也可以通过在直播界面显示文字来提醒顾客。

通过这种推销方法，会让顾客产生一种错过这次活动，之后再买就吃亏的想法，同时能给顾客造成一种心理紧迫感。

第6章
11个细节：掌握直播文案的写作技巧

直播文案是直播引流和营销的重要组成部分，想要吸引受众眼球，关键在于直播文案是否具有创意。本章主要讲述直播标题和文案内容的写作技巧，以及直播文案的特质，以帮助主播提高直播间的人气，更好地引流和营销。

6.1 直播标题的创作技巧

要想吸引受众进直播间观看你的直播，一个好的标题必不可少。一般来说，除了封面之外，受众最先看的就是直播的标题，标题能起到"画龙点睛"的作用，是决定受众点击直播间的关键因素之一。所以，接下来就详细讲解直播标题的创作技巧，帮助新人主播提高直播间的点击率。

6.1.1 流行创意词汇标题夺人眼球

流行词汇型的直播标题就是将网上比较流行的词汇、短语、句子，如"我不要你觉得，我要我觉得""我太难了""硬核""柠檬精""宝藏男孩"等嵌入直播间标题中，让用户一看就觉得十分有新意，很搞笑奇特。

网络流行语经常被运用在微信朋友圈和微博中，其传播速度非常快，读起来不仅诙谐幽默还朗朗上口，在直播标题中也经常被用到，十分夺人眼球。

例如某直播标题为"好心态不口嗨努力成为宝藏男孩"，其中运用了"宝藏男孩"这个网络流行用语，表明主播想成为一个才华横溢、浑身是宝的人，以此来吸引受众，提高自己的人气。

流行词汇的运用紧跟时代潮流又充满创意，有吸睛效果，用户十分乐意去点击这一类型的直播。

6.1.2 借势型标题强化传播影响力

借势主要是借助热度，以及时下流行的趋势来进行传播，借势型的运用具有以下几个技巧。

（1）借助热点

热点最大的特点就是关注的人数多，所以巧借社会热点写出来的直播标题，其关注度和浏览量都会有一定提升。那么，我们应该如何来寻找并利用热点呢？

主播平时可以多在网上关注明星的动态、社会事件以及国家新出台的政策等，然后将这些热点与直播的主题结合起来，这样能吸引那些关注和讨论这些热点的受众。图6-1所示为借助热点的直播标题案例。

图6-1 借助热点的直播标题案例

《一人之下》动画改编自米二的同名漫画，自开播以来受到广大观众的喜爱和追捧，形成了一个非常火热的超级IP。2020年5月27日，《一人之下》手游在全平台上线，引起IP粉丝的高度关注。所以，主播就以《一人之下》手游的名字作为直播的标题，做一场新游戏试玩的直播评测，来吸引该IP粉丝的关注。

（2）借助流行

很多主播在撰写直播标题的时候，会经常借用一些流行元素，以此来引发受众的情感共鸣，达到让用户点击的目的。流行元素有点类似于"彩蛋"，"彩蛋"就是那些在作品中如果不仔细寻找就可能被忽略的有趣细节，它的作用是利用人们的怀旧心理，给观众或读者制造意外的惊喜。

常见的流行元素有流行歌词或电影中的经典台词，下面这个直播标题就是采用了流行元素，如图6-2所示。

图6-2 借助流行元素的直播标题案例

上面案例的直播标题是"陪伴是最长情的告白",出自歌手陈奕迅的流行歌曲《陪你度过漫长岁月》,当受众看到直播间的标题时,可能会想起这首歌,从而激发受众无限的情怀,引起情感共鸣。

(3)借助名人

名人具有一定的影响力,特别是娱乐明星,所以有些企业在发布新产品时,通常会请明星来代言,借助名人的影响力或明星的流量来增加新产品的热度和宣传效果。借助名人的影响力可以大大提高直播间的人气,从而为主播直播带货起到很好的营销作用。

借助名人的影响力一般有两种情况,一种是在直播标题中直接用名人的名字来命名,另一种是请名人来直播间做嘉宾参与直播。

(4)制定方案

在直播标题的撰写中,通过方案借势来打造或推广品牌的方式非常有效,尤其是在大品牌中运用方案借势的效果更为明显。大品牌用方案来为直播造势的例子有很多,比如"双十一狂欢购物节""520告白节""京东618"等。

图6-3所示为大品牌618活动方案借势的直播标题案例。

图6-3 方案借势的直播标题案例

6.1.3 提问型标题巧妙调动好奇心

提问也是直播标题表达的形式之一，对于提问型的直播标题，我们需要把握以下几大要点，具体内容如下。

（1）疑问句式

在直播标题的撰写中，疑问句式的标题效果主要表现在两个方面，一是疑问句式中所涉及的话题大多和受众关系比较密切，受众的关注度比较高；二是疑问句式本身就能够引起受众的注意，激发其好奇心，从而促使其点击。

疑问句式的直播标题有一些比较固定的句式，它们通常都是提出某个具体的问题让受众反思，当受众对此产生兴趣和好奇之后，就有到直播当中寻找答案的冲动，这样无形之中就提高了点击率。

某游戏直播的标题为"今天能训到龙吗"，很明显这是一个常见的疑问句式，受众看到这个标题时不禁也在思考：主播能训到龙吗？就会对主播的游戏玩法和技术感到好奇，从而想观看直播。

（2）方法型提问

"如何"的意思就是采取什么样的方式或方法，运用"如何"式的提问标题有利于帮助用户解决实际问题。

某直播的标题为"中高考英语单词、语法、技巧，如何快速突破"，这个标题对英语基础薄弱、想提升自己英语水平的人有很大的吸引力。这样的标题能准确定位直播的受众，帮助主播快速找到目标用户。

（3）反问标题

反问句是一种特殊的疑问语句，其作用是加强语气，将这样的句式运用到直播的标题中能引发受众反思，给受众留下深刻的印象。反问句分为肯定反问句和否定反问句，常见的大都是否定反问句，也就是表示肯定的意思。

某直播的标题为"难道不是小朋友就不能吃糖吗"，主播通过这样的反问，来明确表达"不是小朋友也可以吃糖"的观点和态度。反问句式的直播标题有强调的作用和效果，能大大加强语气和气势，更能引起受众的注意和兴趣，还有引发受众反思的作用。

（4）"文题相符"

"文题相符"是指直播的标题中所提的问题要和直播的内容相符。主播要保证标题和内容的相关性，不能做恶性标题党。恶性标题党是为了吸引受众的注意力，一味地虚构标题，这样做既欺骗了受众的感情，也浪费了受众的时间。

如果直播标题的提问和直播内容完全没有联系，即使受众被标题吸引进入直播间，也会在观看直播内容后失去兴趣。这样不仅会降低受众的观看体验感，还会引起受众的反感，导致受众的流失。

6.1.4 语言型标题提升创意的艺术

所谓语言型标题，即利用修辞表达方式提升标题语言的表达效果。下面就来详细讲解语言型标题在直播间的各种运用，具体内容如下。

（1）进行比喻

在内容写作中，常用的比喻修辞手法有明喻、暗喻和借喻。它们的区别如图6-4所示。

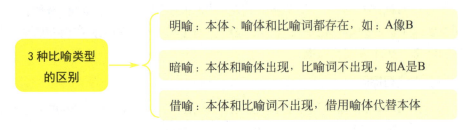

图6-4　3种比喻类型的区别

"生活就像柠檬一样苦涩"这个直播标题，是典型的明喻修辞手法，把生活比喻成柠檬；"你是信的开头，诗的内容"这个标题则运用了暗喻的修辞手法，把人比作信的开头和诗的内容，充满了唯美的意境和丰富的想象力。

（2）事物拟人

拟人就是将事物人格化，把本来不具备人的一些特征的事物变成跟人一样具有动作、语言和情感。运用拟人的修辞手法可以使描写的事物更加生动形象，具有生命力。

某游戏直播的标题为"深夜的风吃掉了我对你的欢喜"。很明显，风是不具备"吃"这个动作的，这里运用拟人的修辞手法，将风人格化了，使直播标题更加新颖而有创意，更加吸引受众的眼球。

（3）标题对偶

对偶也称之为对仗，是指字数相等、意思相近、对仗工整的句子。这样的句子前后联系十分紧密，不可分割，在文学创作上经常用到。对偶的运用能使句子结构更富有层次感，韵味十足，更能吸引人的注意。

对偶式的标题节奏感很强,读起来朗朗上口,且易于记忆,这也使得直播标题更容易传播和推广,从而达到提升直播间人气和点击率的目的。

在直播标题上运用对偶时需要注意,每个短语或者句子的字数不能太长,因为直播标题的字数有限制,太长也会让受众读起来比较拗口,容易产生视觉疲劳,降低受众的体验感。所以,主播在撰写对偶式的直播标题时,字数要尽量精简、凝练,这样才能给受众比较好的视觉感受,如图6-5所示。

图6-5 对偶式的直播标题案例

上面案例中的直播标题为"人间水蜜桃,清凉少年音",读起来很有节奏感,而且句型优美,表明主播不仅长得好看,歌也唱得很好听。

(4)用谐音梗

谐音就是用同音或近音字来代替原本的字,以产生趣味的修辞手法,这种手法经常被应用于创意广告的文案中,用来吸引受众的眼球。

使用谐音梗能让直播标题更加形象有趣,大大提高了标题的吸引力和关注度,而且也能让受众明白主播想要表达的意思。

(5)利用幽默

幽默式的直播标题能让受众会心一笑,激发受众观看直播的兴趣。某游戏直播的标题为"生活奇奇怪怪,我得可可爱爱",受众看到这个标题是会觉得主播是个幽默风趣的人,并对主播产生浓厚的兴趣,进而点击直播。

(6)合理用典

在标题中运用典故能使直播标题更富有历史趣味,提升直播的档次和内涵,吸引更多的人进来观看。图6-6所示为典故式的直播标题案例。

图6-6 典故式的直播标题案例

该案例是虎牙直播平台上关于三国题材的游戏视频，标题为"三顾茅庐"，这个典故可谓家喻户晓，尤其是对于看过《三国演义》小说和对历史感兴趣的人来说更是烂熟于心。采用这个典故作为直播视频的标题，意在表明视频中的游戏内容是和"三顾茅庐"这段历史有关的，这样能吸引对此感兴趣的受众点击观看。

6.2 直播过程的文案内容

在直播带货的过程中，主播要事先写好相应的文案内容，这样才能在营销产品时更好地转化用户，促使其下单购买产品。所以，接下来就来讲述直播间涉及的文案类型和写作技巧，以帮助主播更好地营销产品。

6.2.1 直播宣传文案的类型

直播的宣传文案类型分为预热宣传文案和产品宣传文案，所谓预热宣传文案是指直播开始前的预热宣传，而产品宣传文案则是指直播间产品的相关介绍。

（1）预热宣传文案

预热宣传文案主要分为宣传海报和视频推广。2020年4月1日晚上8点，罗永浩在抖音平台上开始直播带货，他除了联合抖音设计出了一组倒计时的海报文案以外，还在个人抖音号上发布视频进行推广。图6-7所示为罗永浩的直播宣传海报；图6-8所示为其个人抖音号的作品展示界面。

（2）产品宣传文案

在直播带货的过程中，主播应该将产品重要的卖点信息罗列出来，主要内容包括产品品牌、产品亮点、优惠价格以及上架产品。下面以罗永浩卖小米中性笔为例逐一进行分析。

① 产品品牌。首先应该介绍产品的品牌是什么，例如罗永浩在直播间带货一款中性笔时就向受众展示了该中性笔的品牌是小米，如图6-9所示。

② 产品亮点。其次介绍产品的卖点，例如罗永浩在介绍这款中性笔的产品时，将其亮点总结为"3.92毫升，是普通芯的6倍"，如图6-10所示。

③ 优惠价格。讲完产品品牌和亮点之后，就要着重突出产品价格方面的优势了。罗永浩展示这款中性笔一盒10支，价格才9.99元，相比市面上的同类产品便

图6-7　直播宣传海报

图6-8　作品展示界面

图6-9　展示品牌

图6-10　展示亮点

宜了不少，相信这样优惠的价格肯定能让受众心动不已。

（3）上架产品

在介绍完这款产品的所有信息之后，主播就要告诉受众产品即将上架，准备好下单抢购了。关于代表产品上架的文案词有很多，比如"上灯""上刀""上CEO"等。

6.2.2 设置悬念引起受众好奇

在直播预热宣传文案中，设置悬念可以引起受众的好奇心，引发受众思考，还能引导受众的互动，达到直播宣传推广的效果和目的。下面我们来看设置悬念的技巧在直播文案中的运用，如图6-11所示。

图6-11　设置悬念

从上面的案例中我们可以看出，文案采用填空题的形式来设置悬念，受众看到该文案时就会思考中间空缺的内容是什么，从而想观看直播。

6.2.3 数字冲击增强视觉效果

在直播文案的撰写中，运用精确具体的数字能让受众更直观地感受到产品的实力和优势，给受众视觉上的冲击。图6-12就是数字在直播间文案中运用的案例。

图6-12 数字运用

6.2.4 通过比较突出产品优势

在产品的销售中,经常会通过和同类产品的对比或其他事物的类比来突出自家产品的优势,让消费者更加直观深入地了解产品的特点。这种比较的手段也被应用于直播带货的文案中,比如前面讲到的罗永浩在介绍小米中性笔时,为了突出产品的优势,就拿普通笔芯做对比,如图6-13所示。

图6-13 产品对比

除了对比的手法，主播还可以通过和其他的事物类比来让受众更加具体、形象地了解产品的优势。比如，著名的香飘飘奶茶广告文案中，为了突出产品的销量之高，拿地球作类比，卖出去的杯子连起来可绕地球3圈。

6.2.5 描述场景促使用户购买

主播在进行产品的营销时，要学会利用场景描述来激发用户的购买欲望。场景描述主要分为构建使用场景和产品卖点的场景联想。

构建产品的使用场景的目的在于挖掘用户的痛点，给用户提供一个购买产品的理由。比如，在介绍电热锅的时候，可以给用户提供这样的使用场景："没有燃气灶又想做饭的宿舍神器"。

另外一种场景描述主要是为了形象地表达产品的卖点和优势。例如，李佳琦在直播中介绍香水的时候，就经常利用说辞来构建一个个具体的场景，像"恋爱中的少女，开心地去找男朋友，那种很甜的感觉""穿着白纱裙，在海边漫步的女生，非常干净的那种感觉""下过小雨的森林里的味道"等。

通过这些具体的场景描述，可以让用户产生联想，激发其购买欲望，从而提升直播间的产品销量。

6.3 直播文案的两大特质

对于主播直播而言，只有提供优质内容，才能吸引更多的人气和流量。本节主要介绍直播文案的两大特质，以帮助主播更好地创作出优质的直播内容。

6.3.1 情感特质：充分融入情感

加入情感特质容易引起人们的共鸣，能够唤起人们心中相同的情感经历，并得到广泛认可。主播如果能利用这种特殊的情感属性，那么将会得到更多用户的追捧和认同。

有的直播标题就会加入情感，最常见的是电台直播标题。其次，在进行直播时，也能利用情感带动受众的情绪，主播可以介绍自己的经历，最好是正能量、积极向上的，这样的表达在选秀节目中最为常见。这种情感融入不光让受众产生共鸣，还会增加彼此之间的联系以及信任度。

6.3.2 粉丝特质：实现力量变现

"粉丝"这个名词相信大家都不会陌生，那么"粉丝经济"呢？作为互联网营销中的一个热门词，它向我们展示了粉丝支撑起来的强大IP营销力量。

网红或者明星进行的直播带货，相当于将货物人格化，并且只需要和店铺合作即可，并不要求主播拥有自己的货源，并且直播中更多的是粉丝出于对主播的喜爱和信任而产生的消费行为，即粉丝经济。

粉丝经济不仅带来影响力和推广力，最重要的还是在于将粉丝的力量转变为实实在在的利润，即粉丝变现。粉丝不仅能为企业传播和宣传品牌，还能为企业的利润赚取作出贡献。

（1）粉丝的获取

有的平台在粉丝关注主播后，会显示相关推荐，这种形式被称为粉丝裂变，同类推荐的方式有助于主播增加粉丝数量，如图6-14所示。

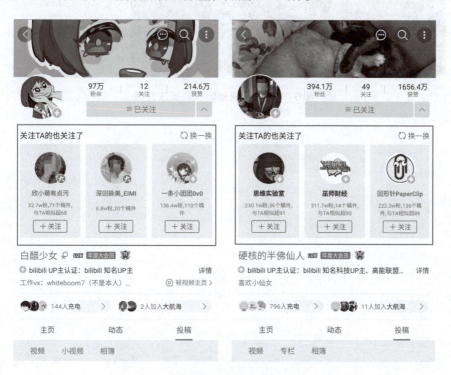

图6-14 相关推荐

（2）粉丝的运营

以淘宝直播为例，淘宝直播针对粉丝的运营为主播提供了一个亲密度管理的功能，增加的规则可以由主播设置，例如每日观看直播、发布一则评论之后，分别增加2分；关注主播、观看时长超过4分钟都增加5分；还有点赞和分享次数达到多少次可增加不同数值的积分等。

其他类型的直播对于粉丝都具有分层的规则，主要依照粉丝对主播的打赏程度划分。以斗鱼直播平台为例，在粉丝的直播间内，右侧会显示粉丝团，并且成为超级粉丝团会享有相应的直播间特权，如图6-15所示。

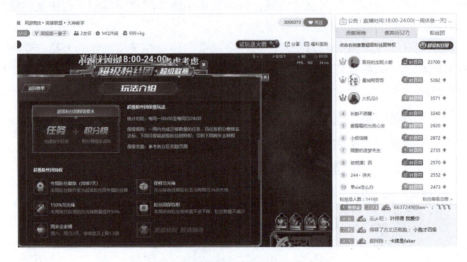

图6-15　超级粉丝团以及玩法介绍

第7章
13个技巧：
快速入驻热门的直播平台

随着直播行业的快速发展，各行业的热门平台都进军直播这个领域，像快手、抖音、淘宝、京东、B站、拼多多等，本章主要介绍这些平台的入驻和运营技巧，以帮助大家能够快速地熟悉和掌握这些平台的规则和玩法，找到适合自己的直播平台。

7.1 快手直播的入驻运营技巧

每个APP都有各自的历史，首先我们了解一下快手平台的历史、定位，以及快手直播的特色和优势。

（1）快手历史

2011年，快手还叫"GIF快手"，只是一款制作和分享GIF动态图的工具。2013年7月，"GIF快手"从工具类应用转型为短视频类应用，改名"快手"，名称沿用至今。

快手算是最早扎根于短视频分享的APP，现在与快手平分半壁江山的抖音那时候还没有创建，美拍与小咖秀这些短视频还在一二线争夺市场，而快手创始人却不走寻常路，挖掘下沉市场，将"快手"这个产品贴近现实生活，为三四线城市的普通人量身打造。

2018年，快手推出"快手营销平台"，以社交为中心，整合快接单、快享计划、快手小店等内容和功能。电商为了摆脱扁平化桎梏和加速商业化进程，各大电商开始造节，阿里造"双十一"，京东造"618"，苏宁造"818"等。在这种情形下，快手推出首届电商节，至此完成商业化布局，正式开启商业变现的旅程。

（2）快手平台定位

虽然同为短视频应用，但是快手和抖音的定位完全不一样。抖音的火爆靠的是马太效应——强者恒强，弱者愈弱。就是说在抖音上，本身流量就大的网红和明星可以通过官方支持获得更多的流量和曝光，而对于普通用户，获得推荐和上热门的机会就少得多。

快手的创始人之一宿华曾表示："我就想做一个普通人都能平等记录的好产品。"这恰好就是快手这个产品的核心逻辑。抖音是流量为王，快手是即使损失一部分流量，也要让用户获得平等推荐的机会。当然，正因为这个核心理念，快手才会那么受普通民众的喜欢。

（3）快手直播

快手平台的直播与抖音平台不同，快手直播分发的流量会尽可能平均，采取"去中心化"的运作模式，这使得更多的普通用户得到了较好的曝光机会，同时快手的流量部分掌握在主播的手中，这对主播来说具有很好的优势。

7.1.1 快手直播的入驻技巧

要想成为快手的主播,第一步便是注册快手账号,下面来介绍一下快手直播的开通方法,可以按照以下步骤进行操作。

步骤01 进入快手短视频APP之后,点击首页界面下方的"摄像头"符号,进入拍摄界面。

步骤02 ❶滑动下方按钮,点击"直播"选项,进入直播界面;❷点击"申请权限"按钮,如图7-1所示;❸进入"申请直播权限"界面,依次开通申请权限即可,如图7-2所示,完成之后即可开通快手直播。

图7-1 点击摄像头进入拍摄界面

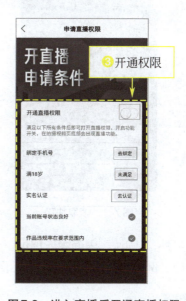
图7-2 进入直播后开通直播权限

7.1.2 快手直播的运营技巧

下面介绍快手直播的运营技巧,主要是从平台和主播这两个方面出发。

(1)直播间百宝箱

大多数短视频平台的礼物都需要花钱购买,快手却有些不同。快手用户可以根据在线查看直播的时间,点击直播间的百宝箱,在"每日百宝箱"对话框中领取对应的快币,如图7-3所示。领取快币之后,快手用户还可以将快币兑换成"猫粮",作为礼物送给主播,从而提高直播间的热度。

(2)"同城"直播

快手短视频APP会根据用户的位置,显示同城界面的名称。例如,笔者身处长沙,同城界面的名称便显示为"长沙"。"同城"界面会推荐该城市中快手号发布的直播,如图7-4所示。

图7-3 领取快币

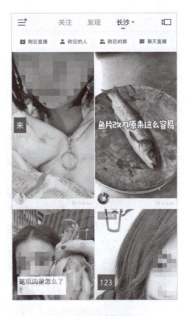

图7-4 "同城"界面

另外,"同城"界面中还提供了"附近的人""附近的群"和"聊天直播"版块的入口。例如,点击"附近的人"便可进入其界面。

> **专家提醒**
>
> 查看同城需要先开启定位服务,设置完成之后,才会为你提供更精准的同城视频,如果用户不喜欢个人信息被暴露得太多,可以拒绝并限制访问位置权限。

(3)"无人物"直播

① 游戏场景+主播语音。大多数快手用户观看游戏类直播,重点关注的还是游戏画面。因此,这一类直播直接呈现游戏画面即可。另外,一个主播之所以能够吸引用户观看直播,除了本身过人的操作之外,语言表达也非常关键。因此,游戏

场景＋主播语音就成了许多主播的重要直播形式。

② 真实场景＋字幕说明。发布的短视频可以采用真实场景演示和字幕说明相结合的形式，将自己的观点全面地表达出来，这种直播方式可以有效避免人物的出现，同时又能够将内容完全展示出来，非常接地气，自然能够得到关注和点赞。

③ 图片＋字幕（配音）。如果直播的内容都是一些关于抖音、微信、微博营销的专业知识，那么快手运营者可以选择采用（图片＋字幕或配音）的形式进行内容的展示。

④ 图片演示＋音频直播。通过"图片演示＋音频直播"的内容形式，可以与学员实时互动交流。用户可以在上下班路上、休息间隙、睡前、上厕所时观看直播，节约宝贵的时间，带来更好的体验。

（4）稀缺内容直播

运营者可以从快手相对稀缺的内容出发，进行账号定位。例如，快手号"疯狂的小杨哥"是定位为整蛊网瘾弟弟的账号。像这种专门做整蛊网瘾少年内容的快手号比较少，内容具有一定的稀缺性。再加上随着移动网络的发展，越来越多的青少年有了网瘾。所以，许多人看到这一类视频会觉得特别贴近现实。

除了平台上本来就稀缺之外，快手运营者还可以通过自身的内容展示形式，让自己的内容，甚至是账号，具有一定的稀缺性。例如快手号"巴顿Patton"。

"巴顿Patton"是一个定位为分享小猫日常生活的账号，这个账号经常发布以一只小猫为主角的视频。如果只是分享小猫的日常生活，那么只要养了小猫的快手运营者都可以做。而"巴顿Patton"的独特之处在于它结合小猫的表现进行了一些特别的处理。

具体来说，该快手号的视频会通过一些字幕，来表达小猫的"所说"和"所想"。结合字幕和小猫在视频中的表现，会让人觉得小猫非常调皮可爱。快手上宠物类视频不少，但是像这种显得有些调皮可爱的小猫却比较少。因此，这个定位为通过字幕分享小猫日常生活的账号，很容易获取许多人的持续关注。

7.2
抖音直播的入驻运营技巧

说完快手，就不得不提到和它"各领风骚"的抖音平台了，本节介绍抖音平台的特点和抖音推荐的算法机制，让用户更加了解抖音平台。

（1）抖音平台特点

抖音是今日头条孵化的一款短视频社交APP，虽然是今日头条旗下的产品，但在品牌调性（品牌调性是基于品牌或产品的外在表现而形成的市场印象，从品牌与产品人格化的模式来说，等同于人的性格）上和今日头条大不相同。

今日头条的品牌调性更接近快手，用户集中在三四线城市以及广大农村，内容比较接地气，而抖音瞄准的是一二线城市的年轻用户，85%以上的用户是95后和00后，内容更加潮酷和年轻。

抖音运营者发布的每一条内容，抖音审核员都可以看得到。另外，抖音平台会根据抖音视频的推荐基数（根据浏览人数、点赞和评论比例等数据设置的一个基础值）、视频播放量、点赞量、评论量、转发量、账号的资料完整度和认证情况等进行权重的计算，然后按照得分排序、决定审核的顺序。视频审核之后，会根据审核结果决定视频的推荐量。

（2）抖音的推荐算法机制

如果抖音运营者想在一个平台上成功吸粉，首先就要了解这个平台的用户偏好，知道他们喜欢什么样的内容。抖音运营者在抖音发布作品后，抖音平台对于作品会有一个审核过程，其目的就是筛选优质内容进行推荐，同时杜绝垃圾内容的展示。下面是抖音的推荐算法机制，如图7-5所示。

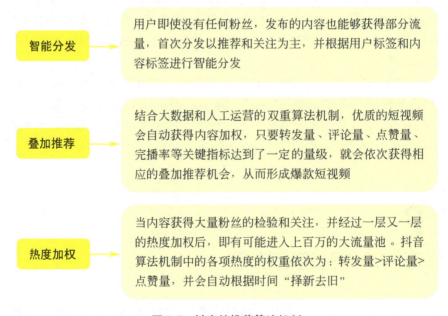

图7-5　抖音的推荐算法机制

7.2.1 抖音直播的入驻技巧

对于抖音运营者来说，抖音直播可谓是促进商品销售的一种直接而又重要的方式。如何开通抖音直播呢？下面就对开直播的方法进行说明。

（1）抖音直播开通方法

➡ **步骤01** 登录抖音短视频APP，进入视频拍摄界面，❶点击界面中的"开直播"按钮，进入直播设置界面；❷点击右侧的"带货"按钮，如图7-6所示。抖音运营者可以在直播设置界面上方设置直播封面和标题。若此前开过直播的抖音号，系统会默认显示之前的直播封面和标题。

➡ **步骤02** 进入图7-7所示的"选择直播商品"界面，在该界面中❶勾选需要添加的商品；❷点击"完成"按钮。需要注意的是，该界面中出现的商品来自账号的商品橱窗，如果大家需要添加其他商品，应先行将商品添加至商品橱窗。

图7-6 直播设置界面

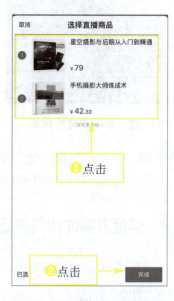

图7-7 "选择直播商品"界面

➡ **步骤03** 返回"直播设置"界面，此时"商品"所在的位置会显示添加的商品数量。确认商品添加无误后，点击下方的"开始视频直播"按钮。

➡ **步骤04** 进入直播倒计时，完成倒计时后便可进入直播界面。

（2）抖音直播常见问题解决

直播过程中可能会遇到直播没声音、卡屏等问题，我们可以通过如下操作找到解决方法。

➡ **步骤01** 从抖音主页进入"设置"界面,选择界面中的"反馈与帮助"选项,如图7-8所示。

➡ **步骤02** 进入"反馈与帮助"界面,在"问题分类"一栏选择"更多"按钮,如图7-9所示。

图7-8 "设置"界面　　　　图7-9 "反馈与帮助"界面

➡ **步骤03** 进入"问题分类"界面,选择"直播相关"选项,进入"直播相关"界面。抖音运营者只需选择对应的问题选项,便可以找到解决方法。

7.2.2 抖音直播的运营技巧

以下是抖音直播的运营技巧,分为平台推荐位介绍和主播运营技巧。

（1）"同城"界面

抖音推荐分为两种,一种是同城推荐,另一种是全平台的推荐。通常来说,同城推荐界面一次展示四个账号,可滑动屏幕查看下方更多推荐,也可下拉屏幕更新推荐内容。推荐的直播较少,用户点击标有"直播中"的页面,即可直接进入直播间。

（2）直播广场界面

❶在"首页"界面的左上方有一个"直播"按钮,抖音用户只需点击该按钮便可进入某个直播间,当然,此时看到的只是系统随机推荐的一个直播间的内容;

❷在直播间,可以点击右上方的"更多直播"按钮观看其他直播,如图7-10所

示。可进入直播浏览的界面。这里会展示正在进行的直播,用户只需点击对应画面,便可进入相应直播间。

图7-10 从"首页"界面进入直播间

（3）主播直播的运营技巧

① 吸金的直播封面。抖音直播的封面设置得好能为主播吸引更多的粉丝。封面图片没有固定的尺寸,大小要适宜,正方形等比的图片都可以,画面要清晰美观。

② 合适的直播内容。抖音直播的内容目前以音乐、游戏和户外为主,从直播内容来看,都是由抖音社区文化衍生出来的,也比较符合抖音的产品气质。

7.3
淘宝直播的入驻运营技巧

淘宝直播是电商直播的第一大平台,本节主要介绍淘宝直播平台的开通方式、运营技巧以及直播中引流的方法。

7.3.1 淘宝直播的入驻技巧

入驻淘宝直播平台的方法有两种：第一种是针对普通用户；第二种是针对商家、达人、档口主播。下面介绍第一种入驻淘宝直播的操作方法。

步骤01 打开淘宝APP，进入主页，在界面左上方找到扫码按钮。点击"扫码"按钮进入扫码功能界面，选择"扫一扫"选项，如图7-11所示。可直接扫主播二维码，也可从相册中选取官方指定的二维码。

步骤02 扫描二维码后，会显示"淘宝直播入驻指南"界面，点击"个人主播"按钮，如图7-12所示。进入"个人主播入驻指南"界面，滑动屏幕至界面下方，点击"一键开通直播权限"按钮。

图7-11 选择"扫一扫"选项

图7-12 点击"个人主播"

步骤03 进入"主播入驻"界面，在"实人认证"选项中点击"去认证"按钮，根据提示完成认证。实人认证成功后，在界面下方选中"同意以下协议"单选按钮；再点击下方的"完成"按钮，即可成功入驻。

第二种途径是通过淘宝主播APP。

步骤01 打开淘宝主播APP，注册并登录淘宝主播APP，点击界面左上方的"主播入驻"按钮，如图7-13所示。

步骤02 进入"创建直播"界面，在界面中根据个人实际情况填写相关信息，填写完毕后，点击屏幕下方的"创建直播"按钮，如图7-14所示。

步骤03 进入"淘宝直播"界面，在界面点击"开始直播"按钮。即可进入淘宝直播状态，若想结束直播，点击下方"结束直播"按钮即可。

第7章 13个技巧：快速入驻热门的直播平台

图7-13 点击"主播入驻"按钮

图7-14 点击"创建直播"按钮

7.3.2 淘宝直播的运营技巧

店家该如何运营直播呢？针对如何吸引粉丝注意这个问题，我们将具体介绍，并推荐给大家一些运营技巧。

（1）直播通知

在直播前，要做好直播的推送工作，让你的粉丝知道直播的时间，如果没有通知，很多粉丝可能会错过你的直播。我们可以运用以下几种方式发布通知：小喇叭公告、小黑板、群消息等，用户点击淘宝"通知消息"按钮，跳转到服务通知界面，可以看到关注店铺的"主播上线动态"通知，如图7-15所示。

要尽可能让所有粉丝都看到通知，可以利用上新预

图7-15 "主播上线动态"通知

105

告来发布通知,也可以将直播信息推送到广场,或者置于"猜你喜欢"的板块中。

(2)直播主题

在主题的选择上,要重点突出产品卖点、明星同款、当下流行或其他元素,例如特卖、清仓、东大门爆款、INS网红同款、高级感等,此外服装直播的主题可以根据服饰风格来选取相对应的词汇。

(3)竖屏直播

单人直播时建议使用竖屏直播,便于用户观看,竖屏也能更好地展示商品,例如服装直播能将主播整个穿搭拍进镜头。

(4)粉丝分层

可在直播设置中点击"粉丝分层"选择适合自己的规则,用户会根据你所设置的规则成为你的粉丝,并增加粉丝的亲密度。

例如,每日观看直播、发布一则评论之后,分别增加2分;关注主播、观看时长超过4分钟都增加5分;还有点赞和分享次数达到一定次数可增加不同数值的积分等。用户在观看直播时,会在左上方进行亲密度提示,如图7-16所示。

图7-16 亲密度提示

(5)观看奖励

当观看时长超过多少分钟时,可以设置一个奖励,例如小额红包、优惠券、赠品等其他福利,刺激和吸引用户观看。当直播间的气氛达到一定程度时,可在直播间进行抽奖，公布中奖用户时，需要注意安抚未中奖用户并通知下一次抽奖时间。可以每十五分钟进行一轮，也可以按照其他时间有规律地进行抽奖。

（6）直播产品

直播中一定要有产品的安排，在产品的介绍中列举一两个卖点重点营销。一些产品可以利用其高销售量，或者排行榜排名进行推荐，巧妙利用群体效应。

（7）直播内容

主播在推广产品时，可以利用故事进行介绍；将产品与其他同类产品进行对比，更好地突出该产品的优势，也可以从质量和价格等方面进行对比；采取饥饿营销，调动用户的积极性。

主播直播时的精神一定要饱满，要用高昂的热情打动用户，例如热门电商主播李佳琦、薇娅。在跟用户进行讲解时，主播需要耐心讲解产品的功能，并进行相关操作示范，例如产品如何使用，优惠券如何领取，都可以在直播间亲自操作，以降低用户的操作难度，使其更容易掌握操作流程。

7.3.3 淘宝直播的引流技巧

淘宝界面专门设置了广告投放的资源位置，例如首页下方的猜你喜欢、微淘、聚划算、有好货、哇哦视频等，在购物车下方还有"你可能还喜欢"模块等。

（1）猜你喜欢

"猜你喜欢"模块是根据用户收藏清单、已购买列表、浏览记录等进行大数据分析后产生的推送。模块内设有专门的广告推送位置，可以供店家进行广告投放，同时也节省了用户的搜索时间，更快且更精准地为用户提供心仪的产品。较为人性化的是，用户不需要点开就可以直接试看视频，吸引用户点击商品详情，增加用户的购买欲望。图7-17所示为淘宝的"猜你喜欢"模块。

（2）微淘

微淘内显示的是用户已关注的店铺信息，在该区域内可以看到店铺的上新产品，以及店铺的更新动态，同时也会推送店家的直播。针对安卓用户，板块内有专门的直播选项，如图7-18所示。店铺可以将上新产品以及优惠折扣展示在上面。

（3）聚划算

聚划算主要针对喜欢抢购商品优惠券的用户，每到整点都会有聚划算官方直播间派送大额专享券供用户抢购，如图7-19所示。

图7-17 淘宝的"猜你喜欢"模块

图7-18 淘宝微淘直播

图7-19 聚划算官方大额专享券派送

(4)哇哦视频

哇哦视频有大量的直播内容,例如今日精选、趣体验、时髦穿搭等。图7-20所示为哇哦视频界面展示。

图 7-20　哇哦视频

7.4 京东直播的入驻运营技巧

网购时，产品的质量好坏是用户思考是否购买的影响因素之一，而京东在推广上一向以高质量为基点，严格筛选产品，为用户提供一个正品保障的平台，为不少追求产品高质量的用户群体所青睐，京东的售后服务同样也十分有保障。在京东直播平台，许多业务老总亲自带货，直播中还会进行大额抽奖活动，吸引了不少用户参与互动，巧妙地增强了用户的购买意向。

本节主要介绍京东直播平台的开通与运营技巧，以供想要在京东进行直播的店家参考和学习。

7.4.1 京东直播的入驻技巧

京东直播的开通需要先登录京东达人平台成为京东达人，满足条件后方可开通京东直播。如果不是京东达人，可以先注册京东达人账号。

➡ **步骤01** 在浏览器搜索栏搜索京东达人平台，点击京东达人的官网链接，进入"京东内容开放平台"页面后，输入你的京东账号和密码，点击登录。

➡ **步骤02** 登入账户后，弹出使用手机短信验证码，单击"获取验证码"按钮，短信接收；输入验证码；单击"提交认证"按钮后。选择要开通的账号类型，若是个人开通，单击"个人"选项即可，如图7-21所示。

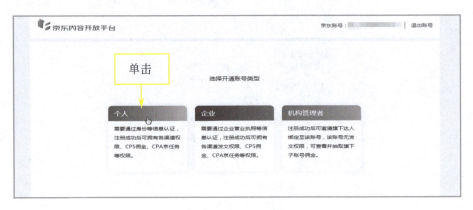

图7-21 主播力荐界面

➡ **步骤03** 选择"个人"选项，进入"实名认证"界面，填写你的真实姓名以及证件信息，填写完后，点击"下一步"按钮（见图7-22）。继续填写个人信息，并进行手机短信验证码验证，完成用户头像上传，查看京东原创平台入驻协议，选中"同意《京东原创平台入驻协议》"复选框，单击"下一步"按钮。

图7-22 填写个人信息进行实名认证

➡ **步骤04** 弹出"达人CPS佣金与内容动态奖励规则"窗口，阅读规则内容，单击"确认"按钮，如图7-23所示。执行操作后，即通过了达人认证，会提示你已加入的信息,三秒之后会跳转网页。

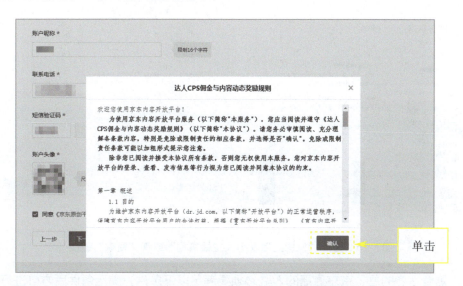

图7-23 阅读达人CPS佣金与动态内容奖励规则

🔸 **步骤05** 成为京东达人之后,单击上方的"指导手册"按钮,如图7-24所示。

图7-24 单击"指导手册"按钮

🔸 **步骤06** 在左侧栏目的"内容创作"标签中,选择"直播"选项,在"直播"的页面中,会显示如何入驻京东直播,如图7-25所示。若是机构请选择"机构主播及个人主播机构"后方的链接;若是商家,可以选择第二个"商家"链接。

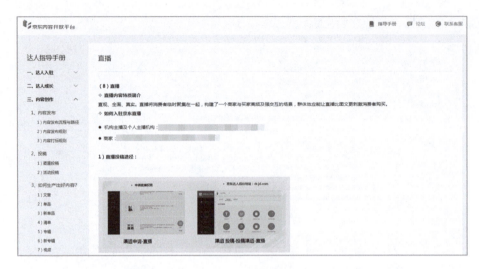

图7-25 选择"机构主播及个人主播机构"或者"商家"链接

需要注意的是,京东直播的入驻必须要满足以下条件,满足条件后方可进行直播申请,如图7-26所示。

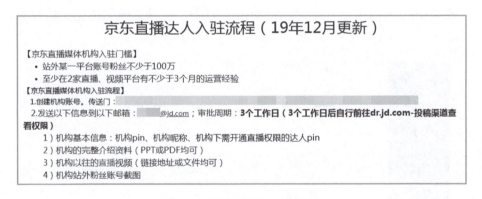

图7-26 京东直播达人入驻流程

7.4.2 京东直播的运营技巧

接下来笔者主要讲述京东直播的平台运营技巧,为帮助想要在京东平台进行直播的用户提供参考。

(1)主播力荐

京东直播页面会显示"主播力荐"一栏,在"主播力荐"中会推送一些产品,在界面下方会显示各式各样的直播内容,如图7-27所示。

图7-27 主播力荐界面

（2）政策扶持

京东平台为扶持滞销农产品，推出了"京源助农"活动，在活动内用户可以购买许多农产品，同时"京东生鲜"板块也设置了"生鲜助农"专题，还有"京东秒杀"板块为帮助滞销农产品推行的"共克时艰，京心助农"会场。图7-28所示为"京源助农"乡村振兴领头雁活动。

图7-28 "京源助农"乡村振兴领头雁活动

（3）主播补贴

图7-29所示为京东的"4+2"商家和机构扶持政策，主要是针对商家和热门主播所进行的"现金补贴以及公域流量"扶持计划。

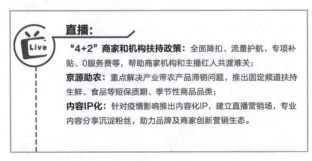

图7-29 "4+2"商家和机构扶持政策

主播在直播开播后可直接获得现金补贴，新开直播的用户可以直接获得公域流量的资源，且在当月不用参与考核。

（4）技术支持

在京东进行直播时，主播可以利用平台提供的5G以及VR技术进行直播，此外还有京东小魔方和京东小程序技术，如图7-30所示。

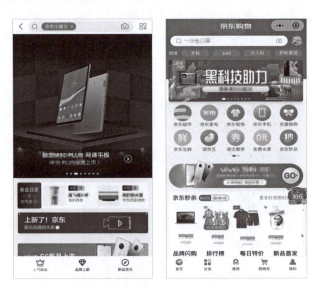

图7-30 京东小魔方和京东小程序

京东直播的画面具有超低延时的特点，并且可以多场景切换，在直播中还可以进行连麦，京东小魔方以及微信小程序都可以为直播提供开放的资源。

7.5 B站直播的入驻运营技巧

哔哩哔哩简称B站,是深受广大年轻人喜爱的平台,78%的用户的年龄为18~35岁,B站上有许多内容有趣的视频。B站也有大量丰富多样的直播,B站的主播在进行直播之前,大多数都会先进行视频投稿,当积累和拥有大量的粉丝以及足够的观看量之后,才会进行直播。

7.5.1 B站直播的入驻技巧

B站直播有两种开播方式,即PC端和手机端,下面我们先介绍第一种在PC端进行直播的方法。

(1) PC端

打开电脑后,任意选择一个浏览器,例如360浏览器,再按照以下步骤进行B站直播的开通操作。

➡ **步骤01** 在浏览器上搜索"bilibili直播姬",点击主页链接,进入官网,单击界面上的"立即下载"按钮,如图7-31所示。需要注意的是,目前bilibili直播姬仅支持Win7、Win8、Win10三种操作系统。

图7-31 搜索并下载bilibili直播姬

→ **步骤02** 下载并安装之后,打开bilibili直播姬,填入账户和密码即完成登录。

→ **步骤03** 登录bilibili直播姬后,在界面中选择你的直播方式。例如,❶单击"游戏"直播;❷只对窗口进行直播的话,可在界面左侧选择"窗口区域直播"选项;❸在右侧列表中选择你所要直播的游戏窗口,选择"帮助中心,哔哩哔哩直播"选项;❹单击"完成"按钮,即可新建"直播类型"窗口,如图7-32所示。

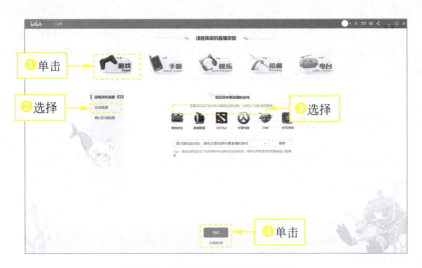

图7-32 选择你所进行直播的窗口

→ **步骤04** 在"直播类型"界面左上角可选择直播的场景,接下来可以对直播场景进行编辑,对整个直播画面进行布置,如图7-33所示。

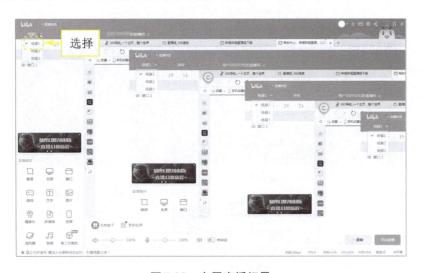

图7-33 布置直播场景

> **步骤05** 编辑与布置完场景之后，单击右下角的"开始直播"按钮，即可进入B站直播。

（2）移动终端

以下是移动终端直播的操作演示，可供手机用户进行操作。

> **步骤01** 下载并安装bilibili link APP。登录B站账号后会弹出实名认证框；点击"去认证"按钮，如图7-34所示。

> **步骤02** 进入"实名认证"界面，填写认证资料，认证完之后，即可回到首页进行直播操作，如图7-35所示。

图7-34 点击"去认证"按钮

图7-35 登录账号并选择直播方式

7.5.2 B站直播的运营技巧

　　B站的直播分区内除了游戏，在"娱乐"板块内最火的是视频唱见、舞见、视频聊天和学习。

　　在B站进行直播时，因为受众多为年轻人，所以直播内容要尽可能有趣、新颖，过于枯燥或者太学术的内容，会使你的受众范围缩小，播放量相应也会很少。

7.6 拼多多直播的入驻运营技巧

拼多多的多多直播门槛低、变现快，受到许多用户的喜爱，并且拼多多的用户量非常大。接下来将详细为大家介绍拼多多的入驻与直播技巧。

7.6.1 拼多多直播的入驻技巧

拼多多的多多直播面向所有用户，不仅门槛低而且操作简单，以下是手机拼多多APP直播的操作方式。

▶ **步骤01** 首先登录拼多多APP账号，❶点击"个人中心"标签，如图7-36所示；❷进入后点击你的头像；❸下滑页面后点击"多多直播"选项，如图7-37所示。

图7-36 点击"个人中心"标签　　图7-37 点击"多多直播"选项

▶ **步骤02** 进入多多直播后，❶点击"开始直播"按钮，接着开启相关权限；❷点击"一键开启"按钮，如图7-38所示。执行操作之后，即可进入直播。

商家版拼多多与普通版操作类似，区别是需要下载拼多多商家版，下载完成后登录商家账号，在账号后台界面中选择"工具"选项，找到"营销"选项并点击，

图7-38 点击"开始直播"并进行相关授权

在"营销"栏中选择"多多直播"选项,进入后点击"创建直播"按钮,在相册内挑选你想要的封面并填写主题即可。

7.6.2 拼多多直播的运营技巧

无论是拼多多APP首页界面,还是搜索栏的搜索结果和场景广告中,都可以点击"多多直播"入口。除此之外,商品详情页、店铺首页、关注店铺也是多多直播的流量入口,可以说"多多直播"入口出现在平台内用户停留的每个环节。多多直播相对于其他直播,在运营上具有以下优势。

(1)直播门槛低

拼多多的"多多直播"面向所有拼多多用户,未下过单的用户也可以通过"多多直播"进行直播带货。门槛低、规则简单、使用操作方便,拼多多APP的直播设置非常平民化。

(2)产品价格优势

拼多多的产品定价很低,推行薄利多销的销售模式。

(3)关注主播福利

拼多多直播平台中的"多多直播"运营主要通过平台内的流量,以及粉丝的微信分享。在拼多多直播中,随意点击一个直播间,停留几秒就会显示一个红包,这个功能吸引很多用户的兴趣。但是只有关注主播才能打开红包,这样的操作可以巧妙地利用红包的玩法对直播进行推广,当用户关注主播后,就会显示一个好友助力,通过好友助力,再次领取红包,如图7-39所示。

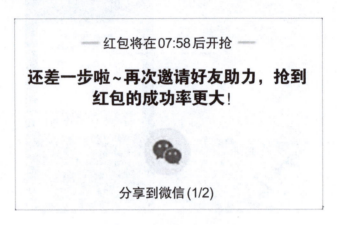

图7-39 好友助力领取红包

(4)同城直播

拼多多的同城直播可以针对周边的地区进行店铺推广,让更多附近的人知道你的店铺,提高店铺的影响力,吸引同城用户购买。下面是拼多多同城直播的页面,如图7-40所示。

图7-40 拼多多同城直播

（5）用户购买便捷

在"多多直播"界面下方，用户可以随时以拼单的形式购买商品，在直播时还有"想看讲解"功能，如图7-41所示。对于用户感兴趣的物品可以随时提供讲解，便捷的购买方式和随时的讲解功能让用户消费更快捷、更容易。

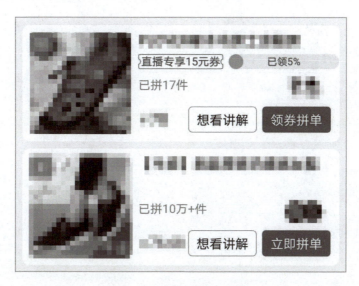

图7-41 "想看讲解"功能

第8章
12个角度：吸粉引流提升主播的人气

对于主播来说，无论是吸粉，还是增强粉丝的黏性都非常重要，又都属于粉丝运营的一部分，因此大多数主播对于粉丝运营都比较重视。这一章通过解读粉丝运营的相关内容，帮助各位主播提高粉丝运营的能力，更好地与用户形成紧密的联系。

8.1 私域流量粉丝的获取方法

不管是电商还是个人主播，不管是传统行业还是新媒体行业，打造专属私域流量池，将用户转变为铁杆粉丝，是每一个主播和运营者都需要用心经营和为之努力的目标和方向。本节将为大家详细介绍在直播运营中吸粉引流的具体方法和技巧。

8.1.1 通过社交平台实现站外拉新

看到标题，很多读者可能会产生疑问：什么是站外拉新？"拉新"即吸引新的用户。对于各大APP而言，拉新就是吸引用户下载和注册；而对于主播来说，拉新即吸引新的粉丝点击关注。站外拉新是通过外部的社交平台和工具进行引流，积极吸引新粉丝关注，提高主播人气。

站外拉新（也叫跨平台拉新）最重要的就是各种社交平台了，微博、微信、QQ等都拥有大量的用户群体，是为主播引流不能错过的平台。

（1）微信拉新

根据腾讯2019年第四季度数据，微信及WeChat合并月活跃账户达到11.65亿，实现了对国内移动互联网用户的大面积覆盖，成为国内最大的移动流量平台之一。下面介绍使用微信为主播拉新的具体方法。

① 朋友圈拉新。对于主播来说，朋友圈这个平台虽然一次性传播的范围比较小，但是从对受众的影响程度来说，却有着其他平台无法比拟的优势，如图8-1所示。

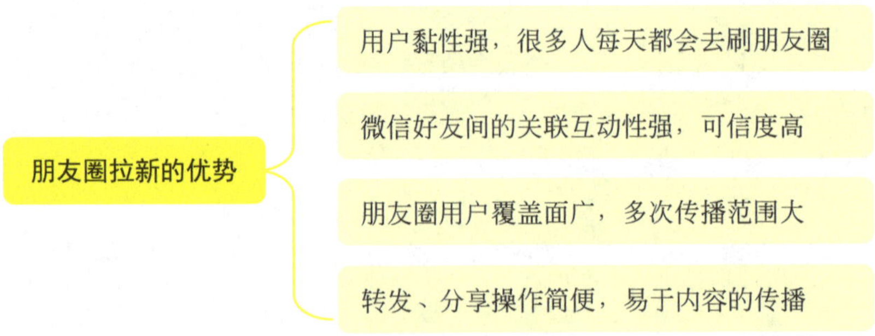

朋友圈拉新的优势：
- 用户黏性强，很多人每天都会去刷朋友圈
- 微信好友间的关联互动性强，可信度高
- 朋友圈用户覆盖面广，多次传播范围大
- 转发、分享操作简便，易于内容的传播

图8-1 朋友圈拉新的优势

主播不能在朋友圈直接进行直播分享，但可以通过分享短视频的方式吸引微信好友的关注，为直播达到有效拉新的目的，其中有 3 个方面是需要重点注意的，具体分析如下。

运营者在拍摄视频时要注意画面的美观性。推送到朋友圈的视频，是不能自主设置封面的，它显示的就是开始拍摄时的画面。运营者也可以通过视频剪辑的方式保证视频封面的美观度。

运营者在推广时要做好文字描述。一般来说，呈现在朋友圈的短视频，好友看到的第一眼就是封面。因此，在短视频播放之前要把重要的信息放上去，如图 8-2 所示。

图 8-2　做好重要信息的文字表述

这样的设置，一来有助于受众了解短视频的核心内容，二来设置得好还可以吸引受众点击播放。

运营者在推广时要利用好朋友圈的评论功能。朋友圈的文本如果字数太多会被折叠起来，为了完整展示信息，运营者可将重要信息放在评论里进行展示，如图 8-3 所示。

这样就能让浏览朋友圈的人看到推送的有效文本信息。这也是一种比较明智的推广短视频的方法。

② 微信群拉新。通过微信群发布自己的作品，其他群用户点击视频后可以直接查看内容，增加内容的曝光率。但要注意发布信息的时间应尽量与原视频直播时间同步，也就是说，在快手、抖音等平台发布了直播预热信息后马上分享到微信群，但不能太频繁。

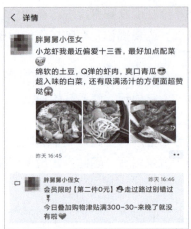

图8-3 利用好朋友圈的评论功能

③ 公众号拉新。微信公众号从某一方面来说，就是个人、企业等主体进行信息发布并通过运营来提升知名度和品牌形象的平台。主播如果要选择一个用户基数大的平台来推广短视频内容，且期待通过长期的内容积累构建自己的品牌，那么微信公众平台是一个不错的选择。

可以说公众号的本质是推广，基于此，在发展视频直播行业时直播平台和主播也可以通过它来推广直播节目。对那些自身有着众多用户和粉丝的直播平台和主播而言，做好公众号的运营是比较不错的直播内容推广方式。当然，对那些没有大量粉丝的主播而言，也可以选择这一方式逐渐地吸粉引流。

在进行公众号运营的过程中，需要从3个方面加以注意，具体分析如下。

首先，在编撰内容和进行推广之前，需要做好公众号定位，明确微信公众号运营的目的，这是做好公众号的基础和关键。

其次，要创作出具有吸引力的内容。对平台和主播而言，赢得更多的用户关注和赢得用户更多的关注是其推广内容的两个根本目标，这些目标需要通过内容的各种形式打造来实现，具体有以下4点要求，如图8-4所示。

公众号内容形式的要求：
- 有内涵深度，能持续吸引受众的兴趣
- 符合用户的切身利益，紧密联系时事热点
- 布局要有创意，描写具有画面感
- 在效果表现上要走心，插图要求清晰美观

图8-4 公众号内容形式的要求

最后，对用户来说，他们需要一些能够让人耳目一新的内容类型、形式和布局来增加他们的体验感，这样他们才会有意愿去点击阅读。从这个角度来看，微信公众号可以从3个方面加以提升，如图8-5所示。

提升公众号用户体验感的方法
- 在内容上加入各种活动，增加与受众的互动机会
- 在菜单上加入商城、内容分类等更多便利的入口
- 提升和拓展内容的质量和范围，打造独有的特色

图8-5 提升公众号用户体验感的方法

举个例子，"手机摄影构图大全"是构图君创建的微信公众号，主打摄影领域的构图垂直领域，经过3年多的发展，不仅集聚了粉丝，更是在内容形式上有了更丰富的呈现，并逐渐发展到了直播领域。图8-6所示为"手机摄影构图大全"公众号的主页面和菜单页面。

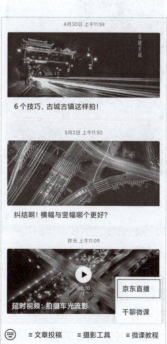

图8-6 "手机摄影构图大全"公众号

与上面介绍的自建公众号推广直播内容和借助实力大号推广直播节目不同，"手机摄影构图大全"采用的是基于自身平台内容，与其他大号和电商平台合作进行推广，从而为自身的直播的推广和发展贡献力量。

在"手机摄影构图大全"直播课程的推广和发展中，企业和主播运营者综合了多方面的资源，具体说来可分为4类途径，下面进行详细介绍。

自身公众号推广：在推广直播内容时，企业和主播利用自身平台，进行直播信息的推送，如图8-7所示。更重要的是在公众号平台上，企业和主播就已直播过的内容进行回顾和梳理，以便用户更好地理解和掌握。

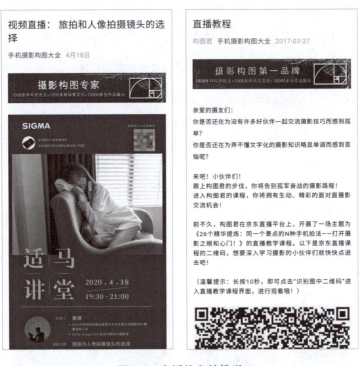

图8-7　直播信息的推送

与实力大号合作："手机摄影构图大全"公众号是一步步成长起来的，其初建阶段的主要内容是尽可能地利用优质的内容进行引流。基于此，该公众号采用与摄影领域实力大号"玩转手机摄影"合作的方法来推出直播内容，在千聊Live上开了一场直播微课。图8-8所示为"玩转手机摄影"公众号推出的直播课程信息。

对接电商平台：构图君不仅是"手机摄影构图大全"公众号的创建者，还是一名精于摄影领域的作家，著有几十本摄影构图畅销专著，这些书籍在京东商城上都有销售。基于这一点，"手机摄影构图大全"公众号对接京东，推出构图君京东直播课。

图8-8 "玩转手机摄影"公众号推出的直播课程信息

(2) QQ拉新

作为最早的网络通信平台,QQ拥有强大的资源优势和底蕴,以及庞大的用户群体,是直播运营者必须巩固的引流阵地。

① QQ签名引流。我们可以自由编辑或修改"签名"的内容,引导QQ好友关注直播账号。

② QQ头像和昵称引流。QQ头像和昵称是QQ号的首要流量入口,用户可以将其设置为快手的头像和昵称,增加直播账号的曝光率。

③ QQ空间引流。QQ空间是直播运营者可以充分利用起来的一个好地方,在QQ空间推广更有利于积攒人气,吸引更多人前来观看。下面就为大家具体介绍6种常见的QQ空间推广方法,如图8-9所示。

④ QQ群引流。主播可以多创建和加入一些与直播号相关的QQ群,多与群友进行交流和互动,让他们产生信任感,此时发布直播作品来引流自然就水到渠成。

⑤ QQ兴趣部落引流。QQ兴趣部落是一个基于兴趣的公开主题社区,能够帮助主播获得更加精准的流量。主播也可以关注QQ兴趣部落中的同行业达人,多评论他们的热门帖子,可以在其中添加自己的相关信息,收集到更加精准的受众。

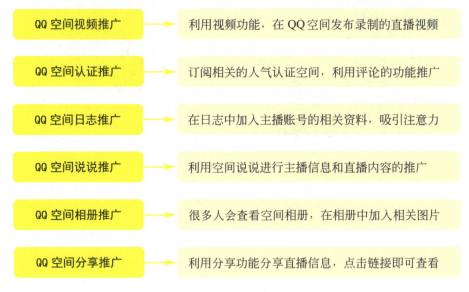

图8-9 直播在QQ空间的推广方法

（3）微博拉新

在进行微博推广的过程中，"@"这个功能非常重要。在博文里可以"@"明星、媒体、企业，如果媒体或名人回复了你的内容，就能借助他们的粉丝扩大自身的影响力。若明星在博文下方评论，则会受到很多粉丝及微博用户关注，那么直播视频就会被推广出去。

微博"热门话题"是一个制造热点信息的地方，也是聚集网民数量最多的地方。运营者要利用好这些话题，推广自己的直播信息，发表自己的看法和感想，提高阅读和浏览量。

（4）音频软件拉新

音频内容的传播适用范围更为多样，运动、读书甚至工作等多种场景，都能在悠闲的时候收听音频节目，音频相比视频来说，更能满足人们的碎片化需求。对于运营者来说，利用音频平台来宣传主播和直播信息，是一条非常不错的营销思路。

音频营销是一种新兴的营销方式，它主要以音频为内容的传播载体，通过音频节目推广品牌、营销产品。随着移动互联的发展，以音频节目为主的网络电台迎来了新机遇，音频营销也得以进一步发展。音频营销的特点具体如下。

① 闭屏特点。闭屏的特点是能让信息更有效地传递给用户，这对品牌、产品的推广营销更有价值。

② 伴随特点。相比视频、文字等载体来说，音频具有独特的伴随属性，它不需要视觉上的精力，只需耳朵收听即可。

以"喜马拉雅FM"为例，用户可以通过它收听国内外等几十万个音频栏目。"喜马拉雅FM"相比其他音频平台，具有以下功能特点，如图8-10所示。

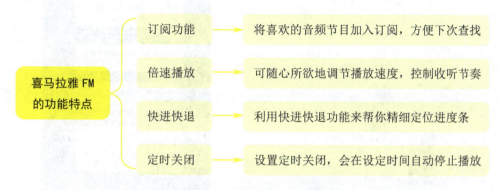

图8-10 喜马拉雅FM的功能特点

在喜马拉雅FM平台上，用户可以直接通过搜索栏寻找自己喜欢的音频节目。对此，运营者只需根据自身内容，选择热门关键词作为标题便可将内容传播给目标用户。运营者应该充分利用受众碎片化的需求，通过音频平台发布直播信息广告，音频广告的营销效果相比其他形式的广告投放更为精准。而且，音频广告的运营成本也比较低，十分适合新主播。

例如，美食主播可以与"美食"相关的音频栏目组合作。因为这些节目通常有大量关注美食的用户收听，广告的精准度和效果会非常好。

8.1.2 通过店铺微淘实现站内拉新

除了利用社交平台进行站外拉新之外，还可以通过对商家店铺、微淘等渠道进行预热，引导用户粉丝访问直播间进行站内拉新，提高直播间活跃度，进而获得更多的流量和曝光度。

以淘宝平台为例，向大家具体介绍几种站内拉新的方式。

① 在淘宝店铺的首页可以放入预热模板，如图8-11所示。

② 商家可以设置自动回复，让新老客户都能看到直播信息，如图8-12所示。

③ 通过淘宝中的"微淘"渠道发布直播信息也是一个有效、直接的方式，如图8-13所示。

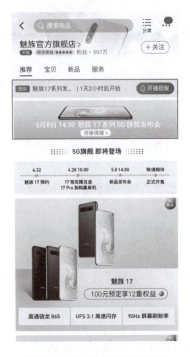

图 8-11 淘宝店铺首页预热

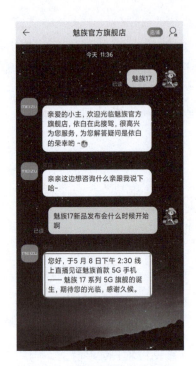

图 8-12 设置客服自动回复

图 8-13 在微淘发布的直播信息

8.1.3 通过创建社群增强用户黏性

主播或运营者可以创建社群将粉丝拉进群中，通过日常的沟通，增加与粉丝的互动，从而有效增强粉丝的黏性。图8-14所示为蕊希电台主播运营者创建的一个微信粉丝群，并在该群中发布蕊希电台节目的信息。

如果对该主播的节目非常喜爱，粉丝就会留在群里，再加上该直播运营者也会经常发起活动与粉丝互动，因此粉丝自然就更愿意留下来，如图8-15所示。

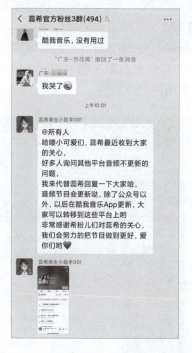 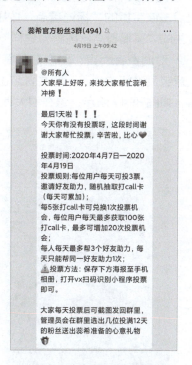

图8-14　蕊希电台主播的微信粉丝群　　图8-15　发起活动与粉丝互动

8.2
公域流量能获得更多的曝光度

除了利用私域流量获得精准粉丝之外，公域流量也不失为一个拉新的好方法，因为私域流量总归是有限的，但公域流量却能给主播和电商们带来更多的曝光。

为了提升直播时商品转化的效率，优化用户观看直播时的消费体验，也为了让主播的优质内容覆盖更多的流量场景，淘宝上线了"直播看点"的功能，向所有商家主播和达人主播提供了更好的流量曝光机会。本节将给大家介绍利用"直播看点"进行直播的相关内容。

（1）直播看点的功能

直播看点的功能要从两方面来看，一是对主播而言，二是对消费者而言。

① 对主播而言：主播在直播的过程中，在讲解宝贝的卖点之前，需要在中控台上点击该宝贝的"标记看点"按钮，如图8-16所示。而淘宝则会根据主播的打标，生成"直播看点"内容，这样一来，可提高宝贝下单成交的转化率。

② 对消费者而言：用户在观看直播的过程中，可以根据自己的喜好自由切换至任意宝贝讲解的片段，消费者点击该按钮，即可快速查看主播讲解该宝贝的直播内容，如图8-17所示。这在很大程度上提升了用户的体验感。

图8-16 主播直播后台页面

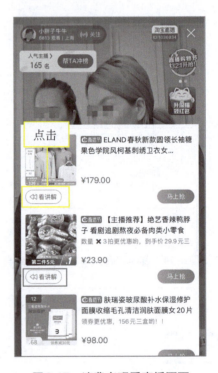

图8-17 消费者观看直播页面

（2）使用直播看点的好处

知道了直播看点是什么之后，给大家分析一下使用直播看点有什么好处，主播和消费者为什么要选择使用它，如图8-18所示。

使用直播看点的好处

- 会被平台推荐到所见即所得模块和主页搜索渠道，获得更多的曝光
- 在后续推出的营销活动中，其直播间售卖的宝贝有可能会优先展示
- 给消费者带来更好的体验，提高成交转化率，为主播带来更多收益

图8-18　使用直播看点的好处

8.3 巩固粉丝忠诚度，提高转化率

拉新成功，主播积累了一定量的粉丝，也就有了基础。这时候如何巩固这些粉丝呢？就是接下来要做的重要工作了，我们要做的就是将吸引过来的用户转化为粉丝。接下来将从5个方面详细分析如何加强粉丝的忠诚度。

8.3.1　通过打造人设来吸引粉丝

主播如果打造了一个让用户记得住的、足够吸睛的人设，便可以持续获得粉丝。

通常来说，主播可以通过两种方式打造账号人设吸粉。一种是直接将账号的人设放在账号简介中进行说明。图8-19所示是快手主播通过这种方式打造"农民的儿子，百姓主播"的人设的。

另一种是围绕账号的人设发布相关视频，在强化账号人设的同时，借助该人设吸粉。图8-20所示为快手号"散打哥"发布的一条视频，该视频是散打哥在健身减肥中的场景，符合他在账号简介中的人设定位。

图8-19　通过账号简介打造人设

图8-20 快手号"散打哥"发布的视频

8.3.2 用个性的语言来吸引粉丝

许多用户之所以会关注某个主播，主要是因为这个主播有着鲜明的个性。构成主播个性的因素有很多，个性化的语言便是其中之一。因此，主播可以通过个性化的语言来打造鲜明的形象，从而吸引粉丝的关注。

主播进行直播时主要由两个部分组成，即画面和声音。而具有个性的语言则可以让直播更具特色，同时也可以让整个直播对用户的吸引力更强。一些个性化的语言甚至可以成为主播的标志，让用户一看到该语言就会想起某主播，甚至在看某位主播的视频和直播时，会期待其标志性话语的出现。

例如，李佳琦在视频和直播时，经常会说"OMG！""买它买它！"，于是这两句话便成了李佳琦的标志性话语。再加上李佳琦粉丝众多，影响力比较大，所以，当其他人说这两句话时，许多人也会想到李佳琦。

正是因为如此，李佳琦在视频直播时，也开始用这两句话来吸睛。图8-21所示为李佳琦发布的两条快手视频的封面，可以看到封面上赫然写着"OMG！"。而快手用户在看这两条视频时，看到李佳琦在说"OMG！""买它买它！"，会觉得非常有趣，进而关注李佳琦的快手号，这便达到了很好的吸粉目的。

图8-21 李佳琦发布的两条快手视频的封面

8.3.3 互相关注粉丝来增强黏性

如果用户喜欢某个账号发布的内容,就可能会关注该账号,以便日后查看该账号发布的内容。关注只是用户表达对主播喜爱的一种方式,大部分关注你的用户不会要求你进行互关。

如果用户关注了你之后,你也关注了他,那么他就会觉得自己受到了重视。在这种情况下,那些互关的粉丝就会更愿意持续关注你的账号,粉丝的黏性自然也就大大增强了。

8.3.4 挖掘用户痛点来满足需求

想要巩固粉丝,我们可以输出一些有价值的内容。在网络时代,文字的真实性越来越受到怀疑,而主打真实声音和视频直播的APP就开始流行起来。例如,喜马拉雅FM发展至今拥有数亿用户,所依靠的就是真实的声音,利用声音作为内容载体为粉丝带来价值。

喜马拉雅FM的定位比较成功,它为用户提供了有声小说、相声评书、新闻、音乐、脱口秀、段子笑话、英语、儿歌儿童故事等多方面内容,满足了不同用户群体的需求。在APP的功能上,喜马拉雅FM也以真实性的声音为核心。

无论什么时候,主播的内容营销最重要的一点就是聚焦用户的痛点,即他们最关心的问题、他们的兴趣点和欲望,电商或主播可以从这些方面为他们带去更有价值的内容。

痛点是一个长期挖掘的过程,但是主播在寻找粉丝痛点的过程中,必须要注意以下3点事项,如图8-22所示。

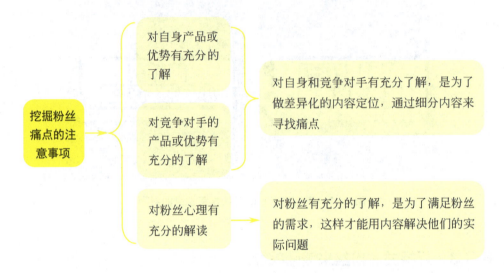

图8-22 挖掘粉丝痛点的注意事项

那么,在主播的内容营销中,受众的主要痛点有哪些呢?总结为以下5点,如图8-23所示。

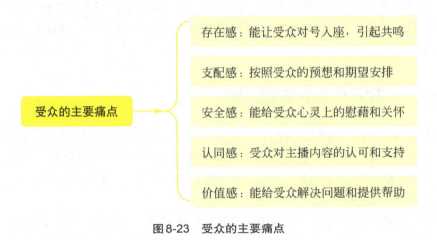

图8-23 受众的主要痛点

主播在创作内容的过程中，可以以这些痛点为标题，弥补用户在现实生活中的各种心理落差。

8.3.5 将产品特色与热点相结合

在直播营销中，既要抓住产品的特点，又要抓住当下的热点，两者相结合才能产生最佳的宣传效果，打造出传播广泛的直播。例如，在里约奥运会期间，各大商家紧紧抓住相关热点，结合自家产品的特点进行了别具特色的直播。

一个家具专卖天猫旗舰店的直播紧密围绕"运动"这一热点来展开，主题就是"家具运动会，全家总动员"。在直播中，主播通过聊奥运热点、趣味事件与用户进行互动，同时始终围绕自家的家居产品，极力推销优势产品。比如，如何躺在舒适的沙发上观看奥运直播、怎样靠在椅子上聊奥运赛事等。

直播如果能够将产品特色与时下热点相结合，用户就能被你的产品所吸引，从而产生购买的欲望。

8.4 教你如何在直播间吸引粉丝

在前面向大家介绍了私域流量和公域流量增加粉丝和获得更多曝光的方法，但其实在直播间也是能吸粉的，接下来将讲解其具体的方法。

8.4.1 获得高人气的直播技巧

下面是一些让主播在直播间人气暴涨的技巧，如图8-24所示。

| 同城定位 | → | 主播可以开启直播间的同城定位功能，吸引更多附近的用户观看直播，如果附近的人比较少也可以切换定位地点 |

| 直播预告 | → | 主播可以提前发布直播预告动态内容，告诉粉丝你的直播时间和主要内容 |

图8-24

开播时间	主播必须根据自己的粉丝群体属性来确定开播时间,这样才会有更多粉丝观看
标题封面	好看的封面能够在直播间获得更多曝光,标题则要尽量突出主播的个人特点和内容亮点,展示直播的主要内容
分享直播间	当主播开播后,可以将直播链接分享给好友,同时充分展示自己的才艺,通过各种互动提升直播间的人气

图 8-24　让主播在直播间人气暴涨的技巧

8.4.2　轻松提升收益的技巧

直播变现是很多主播梦寐以求的,下面根据抖音和快手平台的直播变现方式,总结了一些提升直播主播收益的技巧。

① 主播任务。在抖音直播界面中,主播可以点击右上角的"主播任务"图标,查看当前可以做的任务,包括直播要求、奖励和进度,点击任务还可以查看具体的任务说明,如图 8-25 所示。

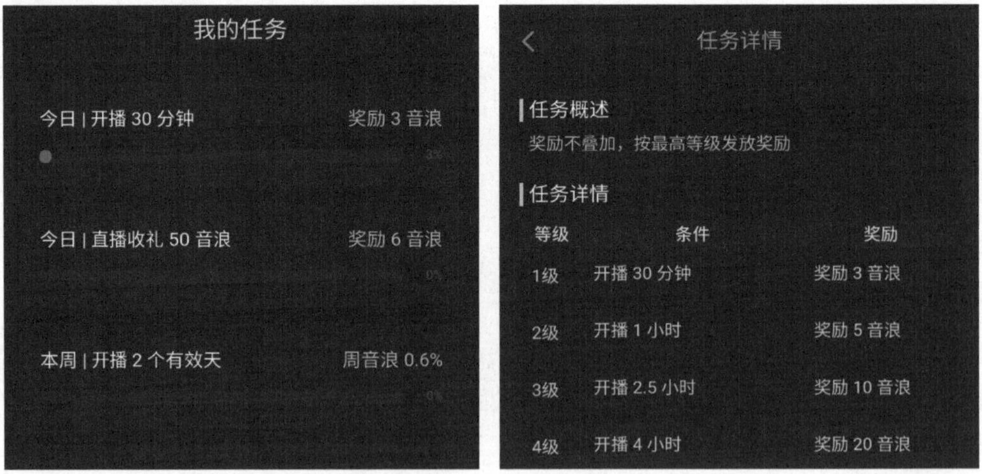

图 8-25　主播任务

② 礼物收益。在直播时,喜欢主播的观众会给她送出各种礼物道具,此时一定要对粉丝表达感谢。主播可以通过活动来提升直播间热度氛围,收获更多的粉丝

礼物，同时还可以冲进比赛排名，得到更高的礼物收入。

③ 电商收益。主播可以在直播的同时卖货，做电商直播来赚取佣金收入。例如，在抖音直播中，主播可以点击 按钮来添加直播商品，如图8-26所示。

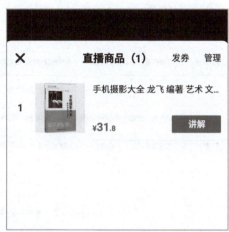

图8-26　添加直播商品

8.5
了解平台政策，提升直播效果

所有直播平台都在提倡"绿色直播"，因此主播一定要关注各个平台的直播规范，与平台共同维护绿色、健康的网络生态环境。

在快手直播时，主播需要遵循快手直播规范中的相关规则，给观众带来健康向上的直播内容。针对违反规则的主播，平台会根据违规情况给予永久封禁直播或账号、停止当前直播、警告等不同程度的处罚，如图8-27所示。

要提倡文明、健康、正能量的直播环境，拒绝低俗、有伤风化的内容。在直播的时候，主播要以身作则，做好榜样。与此同时，平台也要加强监管，杜绝涉嫌违法犯罪的内容出现。

针对主播本身，必须要具备一定的职业素养和能力，符合平台对主播要求。直播时要严格遵守相应的法律协议，例如：进行网络直播时需符合所在地法律的相关规定，不得以履行协议的名义从事其他违反中国及所在地法律规定的行为。图8-28所示，为淘宝直播平台管理规则的部分内容。

严重违规行为（A类违规）

违反 A 类规定的用户，将永久封禁直播，乃至封禁账号，且快手平台有权冻结违规账户中未提现礼物收益。

严重违规行为是指涉政、涉黄、恶意违规等严重扰乱直播平台秩序的行为：

1、直播中展示传播淫秽色情内容，包括但不限于性行为、色情推广、漏点画面、挑逗性言行、带有性暗示的直播内容、违反公序良俗的行为；

2、直播中展示或销售管制物品，包括但不限于私藏枪支弹药、枪支部件、组装方法、仿真枪支；

3、直播中展示或销售毒品、违禁药品，或展示与之相关的任何行为，包括但不限于海洛因、大麻、吸毒工具、吸食注射、买卖交易；

4、直播中展示赌博或与涉赌相关的任何活动，包括但不限于非法赌牌、红包赌博、网络赌博网站、赌博游戏、赌博工具；

5、直播中展示危害自身或他人生命安全的行为或言论，包括但不限于自杀自残、割腕烧炭、跳楼跳河、自杀游戏等；

6、直播中发布有害信息，严重违反社区规定。

图8-27　快手直播规范的部分规则

《淘宝直播平台管理规则》

第一章　概述

第一条　【目的及依据】
为维护淘宝直播平台的正常运营秩序，保障淘宝直播平台用户的合法权益，根据《淘宝平台服务协议》、《淘宝规则》、《天猫规则》、《飞猪规则》等相关规则、协议的规定，制定本规则。

第二条　【适用范围】
本规则适用于在淘宝直播平台发布内容的所有用户，包括主播和互动参与用户（统称为“用户”）。

第三条　【效力级别】
本规则是《淘宝规则》、《天猫规则》、《飞猪规则》、《阿里创作平台管理规范（“微淘号·达人”适用）》的补充规则。《淘宝规则》、《天猫规则》、《飞猪规则》中已有规定的，从其规定，未有规定或本规则有特殊规定的，按照本规则执行。

第二章　准入

第四条　【入驻】
（一）主播
1、淘宝网用户须同时满足以下条件，方可申请达人主播：
（1）已入驻阿里创作平台成为达人，且账户状态正常；
（2）具备一定的主播素质和能力。
2、淘宝网卖家须同时满足以下条件，方可申请商家主播：
（1）店铺信用等级须为1钻及以上；
（2）主营类目在线商品数≥5，且近30天店铺销量≥3，且近90天店铺成交金额≥1000元；
（3）卖家须符合《淘宝网营销活动规则》；
（4）本自然年度内不存在出售假冒商品违规的行为；
（5）本自然年度内未因发布违禁信息或假冒材质成份的严重违规行为扣分满6分及以上；
（6）卖家具有一定的微淘粉丝量、客户运营能力和主播素质。
3、天猫商家须同时满足以下条件，方可申请商家主播：
（1）商家须符合《天猫营销活动基准规则》；
（2）商家具有一定的微淘粉丝量、客户运营能力和主播素质。
4、对商家准入有特殊要求的，依据淘宝另行制定的准入要求执行。
（二）互动参与用户
所有淘宝会员均可参与直播互动。

第三章　经营规范

第五条　【信息发布】用户除须遵守《淘宝规则》、《天猫规则》、《飞猪规则》、《淘宝交互信息规则》、《阿里创作平台管理规范（“微淘号·达人”适用）》中关于信息发布的相关规定外，还须遵循如下信息发布要求：
（一）不得发布危害信息，包括但不限于敏感信息、淫秽色情信息；
（二）不得发布不实信息，包括但不限于捏造细节、夸大事实、不实宣传、虚假中奖信息、所推广商品信息与实际信息不一致；
（三）不得伪造活动信息，包括但不限于伪造或冒充淘宝网、天猫、聚划算等活动信息；
（四）不得发布垃圾广告，包括但不限于通过机器或软件等非人力手段对他人大量发送广告垃圾信息；
（五）不得发布淘宝直播平台不允许发布的信息；
（六）直播信息不得与入驻信息不符。

第六条　【行为规范】用户除须遵守《淘宝规则》、《天猫规则》、《飞猪规则》、《淘宝交互信息规则》、《阿里创作平台管理规范（“微淘号·达人”适用）》中关于行为规范的相关规定外，还须遵循如下行为规范：
（一）主播
1、不得违背其自身所作出的承诺；
2、不得违规推广，包括但不限于发布阿里创作平台不允许发布的商品信息；推广的商品明显涉及出售假冒、盗版商品，或为出售假冒盗版商品提供便利条件；
3、不得存在易导致交易风险的行为，包括但不限于引导用户进行线下交易、发布外部网站的商品或信息；
4、不得存在侵犯他人权益的行为，包括但不限于泄露他人信息、不当使用他人权利、骚扰他人；
5、不得扰乱平台秩序，包括但不限于针对直播数据进行造假或者作弊；
6、须符合淘宝直播平台主播要求。
（二）互动参与用户
1、不得存在侵犯他人权益的行为，包括但不限于不得违规推广、泄露他人信息、不当使用他人权利、骚扰他人；
2、不得扰乱平台秩序。

第四章　违规处理及清退

第七条　【违规处理】用户违反本规则相关规定，淘宝除依照《淘宝规则》、《天猫规则》、《飞猪规则》、《淘宝交互信息规则》、《阿里创作平台管理规范（“微淘号·达人”适用）》等进行处理外，淘宝直播平台还将依据本规则对违规用户进行相应处理，处理措施包括：
（一）主播
1、警告并下线直播；
2、删除直播内容；

图8-28　淘宝直播平台管理规则

第9章
6个要点：
掌握直播间的营销与活动策划

对于主播来说，不仅内容很重要，直播的营销与推广、活动的策划与执行也是非常重要的。因为再好的内容如果没有做好宣传工作，也无法被更多的人知道，也就无法提升直播间的人气和主播的影响力。本章就从这些方面入手，帮助主播做好直播的营销。

9.1 直播营销推广的技巧

在进行直播的营销推广之前，主播要做好直播营销的方案，这样才能按部就班、循序渐进地执行直播的宣传推广工作。本节主要讲述直播营销的方案、宣传引流的方法等，以提升主播的人气和影响力。

9.1.1 营销方案的 5 大要素

主播需要弄清楚直播营销方案的必备要素有哪些，这样才能做好方案内容的整体规划。一般来说，直播的营销方案主要有 5 大要点，其具体内容如下。

（1）直播营销目的

直播营销的方案首先要具备的要素就是确定好营销的目的，主播需要告诉参与直播营销的工作人员，直播的营销目的是什么。比如，通过直播要完成产品销售的业绩目标、宣传产品的品牌口碑等。

例如 618 电商节将至，某电脑品牌为了提高新品预售的销量和扩大产品品牌的影响力，在淘宝直播平台进行产品营销的直播，如图 9-1 所示。

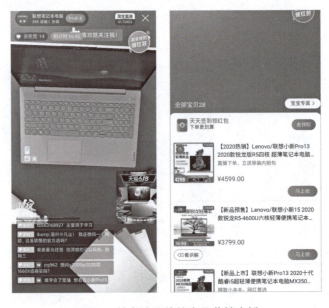

图 9-1 某电脑品牌的产品营销直播

(2)营销内容简介

直播营销方案需要对直播营销的主要内容进行概括,包括直播营销的主题、直播营销的形式、直播营销的平台等。

例如,2020年6月1日,VIVO举行X50系列手机5G新品发布会的直播,主题为"微云台,稳稳拍"。图9-2所示为淘宝直播平台上关于VIVO X50手机新品预约的内容简介。

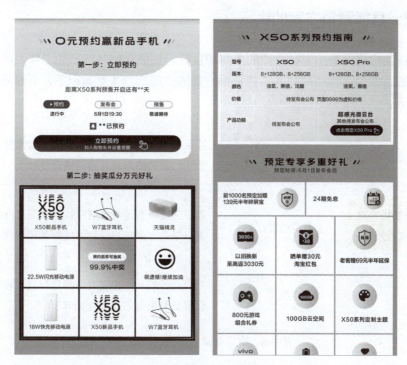

图9-2　VIVO X50手机新品预约的内容简介

(3)营销人员分工

直播营销方案需要分配好直播营销工作人员,比如渠道的寻找、内容的制作、推广的执行等。只有落实好直播营销工作的人员安排,才能确保直播营销的顺利进行,也才有可能取得预期的营销效果。

(4)把控时间节点

在直播营销的推广过程中,要规划好直播营销的时间节点,一般而言,时间节点包括两个部分,一个是直播的整体时间节点,包括直播的开始时间和结束时间等;另一个是直播营销的每个环节的时间节点。直播营销的时间规划有利于保证直播营销工作的按时进行,减少主观因素导致的工作延期。

（5）控制成本预算

在直播的营销方案中，要估算好直播营销活动的成本大概有多少，以及自己可以承受的预算是多少，只有弄清楚这些问题，才能评估直播的营销效果和后期带来的收益。如果在实际执行的过程中出现了预算超支的情况，就要通知相关人员进行调整，以确保直播营销能实现利益的最大化。

9.1.2 直播营销方案的执行

主播要想确保直播营销方案的落实和执行，直播营销各环节的工作人员就需要对自己的工作内容胸有成竹。直播营销方案的执行规划主要有以下3个方面，如图9-3所示。

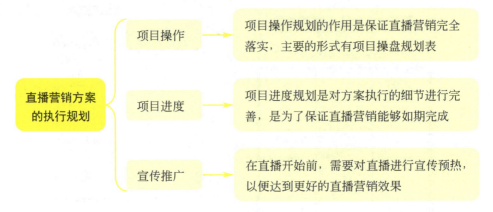

图9-3　直播营销方案的执行规划

9.1.3 直播引流的5种方法

关于直播营销的宣传和推广，主要有以下几种常见的引流方法，具体内容如下。

（1）硬性广告宣传

硬广告是指直接介绍商品以及服务内容的传统广告形式。像电视广告、广告牌、杂志广告等都属于硬广告。硬广告是以强制的手段强迫受众接受，使得绝大多数人很反感，特别是网络上打开网页时自动弹出的广告。虽然硬广告具有传播速度快等优点，但是其缺点更加明显，具体内容如下。

① 费用昂贵，广告投入的成本高。

② 数量过多，同质化很严重。

③ 渗透力比较弱，时效性比较差。

在采用硬广告的引流手段进行直播营销时，要注意尽量避开其缺点，发挥其优势，这样才能取得期望的效果。

（2）软文推广引流

软文推广顾名思义就是通过间接的方式进行广告营销，消费者虽然看得出是在打广告，但却比较容易接受。相对于硬性广告而言，软文推广的渗透力和时效性较强，成本较低。软文推广也略有不足，那就是传播速度和见效比较慢。

现如今，在各大企业和商家的营销推广方式中，软文推广越来越流行和受欢迎，所以在进行直播营销推广时，利用软文推广能获得不错的宣传效果。

（3）视频引流

相较于文字、图片的宣传推广方式来说，视频引流的传播效果会更好，因为视频的表达形式更加直观明了，生动形象，易于被受众所理解。

在现在这个快节奏时代，受众已经不太愿意也不太可能花很多时间来了解你所写的内容，所以越来越多的营销人员开始利用视频进行推广和引流，尤其是近几年来，抖音、快手、B站等短视频社交平台的火热更是证明了这一点。

例如，B站一位美食区的UP主就利用自己在平台上投稿的短视频来进行引流，只要点击"UP主推荐广告"即可跳转到相应的页面，如图9-4所示。

图9-4　视频引流

（4）直播平台引流

在各大直播平台上，一般都会有"推送"或"提醒"的功能设置，在正式开始直播之前，可以将开播的消息直接发送给关注主播的粉丝。这样做既能在直播平台进行预热，提高直播间的人气，吸引更多关注；又能利用这段时间做好直播的各种准备工作，如直播硬件设备的调试，以便达到直播的最佳状态。

以京东直播平台为例，受众可以在主播直播的预告页面点击"提醒我"按钮，平台会在直播即将开始时发送消息提醒，如图9-5所示。

图9-5　直播预告的提醒功能

（5）社区问答引流

利用贴吧、论坛等社区平台进行引流也是一种常用的营销推广方式，主播可以通过在这些平台上选择相关的问题进行回答，然后在答案中巧妙地留下自己的联系方式或直播链接。这样做既帮助了受众，又可以把流量引入直播间，可谓一举两得，这也是软文推广的形式之一。常见的社区问答网站有百度贴吧、百度知道、百度经验、天涯论坛、知乎问答等。

9.2 直播活动策划的执行

主播在直播时,可以通过举办活动来激发受众参与互动的积极性。本节主要介绍直播活动方案的模板、开场技巧以及直播互动的玩法等,以帮助主播做好直播活动的策划与执行。

9.2.1 直播活动方案的模板

在举办直播活动之前,主播要制定好直播的活动方案,一般来说,直播活动方案的模板有以下几方面的内容,如图9-6所示。

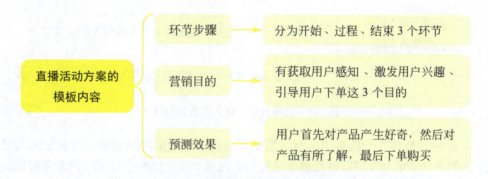

图9-6 直播活动方案的模板内容

主播要以上面的方案模板为基础,围绕其中的核心内容来策划直播活动方案,这样才能达到预期的目标和效果。

9.2.2 直播活动常见的开场

在直播活动开始时,一个合适精彩的开场能够让受众眼前一亮,对直播活动充满兴趣和好奇。下面就来讲解直播开场设计的5大要素,以及直播活动的开场形式,帮助主播取得"开门红"。

(1) 开场设计的要素

俗话说:"好的开始是成功的一半。"直播的开场设计非常重要,能够给受众留下第一印象,是决定受众是否继续留在直播间观看的关键。所以,要做好开场设计可以从以下几点着手，具体内容如下。

① 激发兴趣。直播开场设计的第一要点就是要激发受众的兴趣，只有让受众对直播的内容感兴趣，直播才有进行下去的意义。主播可以利用幽默的语言、新奇的道具等引起受众的兴趣。

② 引导推荐。由于直播前期宣传和平台自身所带来的流量有限，所以在直播开始时，主播需要利用现有的受众数量来为自己拉新，以增加观看的人数，提高直播间的人气。

③ 场景带入。因为每个受众观看直播时所处的环境都不一样，所以主播要利用直播开场让所有的受众快速地融入直播的场景之中。

④ 植入广告。营销是举办直播活动的目的之一，直播开场时，主播可以从以下几个方面植入广告，渗透营销目的，如图9-7所示。

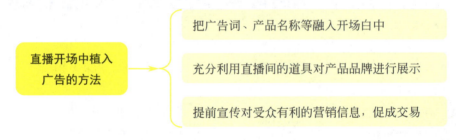

图9-7　直播开场中植入广告的方法

⑤ 平台支持。一般来讲，各大直播平台都会对直播的资源位置进行设置和分配。图9-8所示为哔哩哔哩直播平台首页的直播类型分类和直播活动推荐等模块的展示。

图9-8　哔哩哔哩直播平台首页的资源位置分配

利用直播开场快速提升人气，积极引导互动，有机会获得平台的推荐位置，从而获得更多的流量和曝光度。

（2）活动开场的形式

在直播活动策划中，常见的开场形式有以下几种，如图9-9所示。

图9-9 直播活动常见的开场形式

9.2.3 5种直播互动的玩法

在直播的活动中，主播可以通过弹幕互动、情节参与、红包赠送、任务发起、礼物打赏等方式和受众或粉丝进行互动，以提高直播间的活跃度。

（1）弹幕互动

弹幕互动是近几年兴起的一种新的网络社交互动模式，典型代表莫过于B站了，B站这种独特的弹幕文化把很多人聚集在了一起。他们通过弹幕找到了热闹和快乐，治愈了自己的孤独感，这是B站用户高黏性的关键因素之一。

另外，弹幕使得不同时空的人开始有了交集，有的时候用户在某个视频上看到的弹幕有可能是很早以前发的，在同一个视频下，他们用弹幕进行沟通和交流，而所有观看视频的用户就成了这场交流的见证者和参与者。

例如，B站UP主"硬核的半佛仙人"和人民网合作，和倪光南院士等人展开了一场以"万物互联"为主题的对话直播。在视频中，网友们纷纷用弹幕进行评论说："半佛仙人好大的排面""仙人，你又胖了，该减肥了"等。而半佛仙人在看到弹幕区的评论后，自我调侃地说："200斤的胖子就是这样的""我根本不胖，我就是被打肿的"。

（2）情节参与

在户外直播中，主播可以按照受众要求安排直播内容，提高受众的参与感。例如，B站的UP主"谷阿莫"就经常按照粉丝的要求模仿电影中的情节做直播。

（3）红包赠送

在电商直播带货中，主播可以利用赠送红包等优惠活动吸引受众的购买欲望，促使受众下单，提高直播间产品的销量。

（4）任务发起

主播可以在直播平台通过发起任务和受众一起参与活动，增加和受众互动的机会，调动受众参与的积极性。

（5）礼物打赏

礼物打赏是直播间常见的互动模式，粉丝给主播打赏礼物是出于对主播的喜爱和认可，所以主播应该对赠送礼物的粉丝表示由衷的感谢，并利用这个机会跟粉丝积极地沟通交流、联络感情。

第10章
19个操作：
让直播成为电商带货"神器"

如今，直播带货已然成为电商直播领域的热门，许多人纷纷加入其中。本章分别从直播的优势、技巧、带货三个角度进行阐述，介绍了直播的3个优势，同时分享了直播带货的5个步骤以及常用技巧，帮助主播提升直播间的产品销量。

10.1 直播带货的3个优势

直播是一种动态的试听过程，与传统的电商相比，电商可以在直播时呈现产品，更有利于提升产品的真实性，展示产品使用的细节，帮助用户更好地了解产品的功能和特点，实现商品的价值交换。

10.1.1 直播带货能增加用户的购买欲望

传统的电商购物需要先通过目录进行检索，再查看图片以及文字描述，然后再决定是否购买，这种方式存在一些缺陷，如图10-1所示。

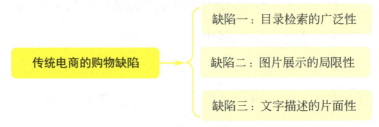

图 10-1　传统电商的购物缺陷

直播带货的直观性具体体现在以下几个方面，如图10-2所示。

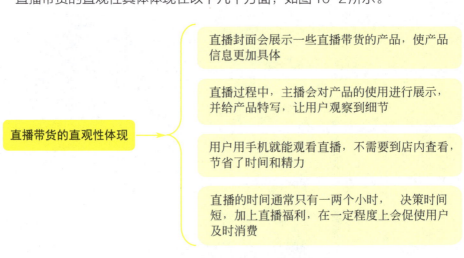

图 10-2　直播带货的直观性体现

除此之外，直播带货通常是主播在销售，相较于传统的店家，主播让用户更有亲切感。另外，主播会站在消费者的角度进行思考，会提供自己的使用感受。直播前，主播会事先了解产品的特点和优势，在直播中用户只需要听主播讲解就可以了，节省了自己调查、了解产品的时间。

10.1.2 直播带货能促进用户的消费频率

以淘宝直播为例，用户在观看直播时，可以在下方进行互动提问，如图10-3所示。

图10-3　弹幕互动提问

（1）节省商家的人力成本

直播带货的互动性可以让用户边看边买。直播中是一对多的营销模式，可以为商家节省人力成本。

（2）帮助用户了解产品

其他用户的提问也可以给消费者提供参考，主播帮助消费者充分了解产品的性能和特性。

（3）促使用户参与抢购

在直播互动中，其他人的言语也会影响消费者的购买，尤其是在商品抢购时，受众会产生从众心理，带动另一些用户参与，增加产品销量。

（4）提高用户的参与感

品牌邀请主播进行直播带货，提高了主播的地位和影响力，同时也增强了用户的参与感，不再是简单的一对一的产品介绍，而是在人与人的社交沟通中进行销售。

10.1.3 直播带货能增强用户的信任程度

在直播带货中，主播的作用更具影响力，在一定程度上也反映了网红与消费者的信任程度。图10-4所示为网红与消费者的信任关系对直播带货的影响。可以从以下几个方面提高消费者对网红的信任程度。

图10-4 网红与消费者的信任关系对直播带货的影响

（1）树立正面的个人形象

首先应具有正确的三观，树立一个正面的人设，不要为了走红而选择消极的曝光方式，消极的方式只能获得一时的热度，正能量的主播有利于培养用户的信任感，更有利于自身的发展。

主播在直播过程中，应当认真介绍产品，不能通过贬低他人来抬高自己，这种直播方式很容易影响粉丝对主播的好感度。

（2）提高自身的专业技能

主播在直播之前需要充分了解产品，把握产品特性，并在直播时能根据产品的亮点进行精准介绍，掌握专门的语言技巧，这样更有利于促进用户消费，语言技巧可以从以下几个方面提高。

① 对症下药。主播需要熟悉产品的用户群体，根据用户群体的特点进行讲解，

例如在美妆直播中，面对的多为时尚女性，这类女性普遍爱美，需要在把握产品的特点上分析产品是如何提高用户颜值的，讲述过程中要尽可能让用户产生共鸣，带动用户的情绪。这类针对性强的产品和用户，也可以体现在直播间的名称上，如图10-5所示。

图10-5　针对性强的直播间名称

② 外表形象。网红在进行带货时需要热情，要表现得很有耐心，并且具有感染力、亲和力，这样更能促进用户消费。例如被称为"人间唢呐"的李佳琦，在直播时经常利用夸张的动作、热情的语言进行带货。

③ 个人观点。作为一个带货主播，在直播时一定要有自己的看法，如果都是习以为常的观点，或者是商家的看法，那样的直播是吸引不了用户的。

10.2 直播带货的5个步骤

了解到直播的优势之后，也许很多人还是不了解如何直播，接下来介绍直播带货的5个步骤，帮助新人主播更好地提高成交率。

10.2.1 取得用户的信任并拉近距离

在直播带货中提供商品的店家有许多,为什么用户会选择在你的直播间购买?是因为信任。所以我们重点需要建立与用户之间的信任,主播可以从以下几点提高用户的信任度。

(1)维持老客户的复购率

经营服务好老客户,给予已有消费者优惠福利,调动这部分用户的购买积极性,有利于借助老客户挖掘更多潜在的客户。

(2)提供详细全面的产品信息

如果你介绍得不够详细、全面,用户可能会因为对产品了解不够而放弃下单,所以在直播带货的过程中,要从消费者的角度对产品进行全面、详细的介绍,尤其是产品的优势,必要时可以利用认知对比原理。例如在包包的直播中,可以将正品与仿款进行比较,向用户展示自身产品的优势,让用户在对比中提高对产品的认知。

(3)提供可靠的交易环境

在直播交易中,商家提供的交易方式也会影响用户的信任度,一个安全可靠的交易平台会让消费者在购买时更放心,所以需要确保交易是安全可靠的,不会出现欺诈、信息泄露等情况。

(4)进行有效的交流沟通

在直播时主播应该认真倾听消费者的提问,并进行有效的交流,如果消费者对产品的提问被主播忽视了,就会有不被尊重的感觉,所以主播在进行直播带货时,需要给予用户适当的回应,表示对用户的尊重,也可以任用专门的小助手负责直播答疑。可以由多名小助手分工合作,这样更有利于直播间的有序管理。

(5)建立完善的售后服务

完善的售后服务可以为企业建立更好的口碑,同时也是用户信任的影响因素。用户购买产品后,可能会遇到一些问题,如快递途中造成的损坏等情况,作为店家应该及时处理,避免影响用户的购物体验和信任度。

(6)实行场景化营销

场景化是指布置与消费者生活相关联的产品使用场景,目的是帮助消费者更好地了解和使用产品。在直播中进行场景化的营销,可以使用户在生活中遇到该场景时能够自然联想到产品,进而产生情感共鸣,最终购买产品。

10.2.2 塑造产品的价值和亮点优势

决定消费者购买的因素，除了信任还有产品的价值，在马克思理论中，产品具有使用价值和属性价值，如图10-6所示。

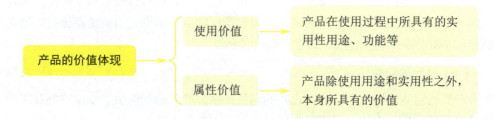

图10-6 产品的价值体现

产品的价值塑造可分为两个阶段，一为基础价值，即产品的选材、外形、功能、配件、构造、工艺；二为价值塑造，在直播中我们主要进行的是产品价值的塑造，即产品的独特性、稀缺性、优势性、利益性。产品价值的塑造主要建立在产品基础价值之上，明确产品的价值卖点是直播的关键。

（1）产品的独特性

产品的独特性可以从产品的设计、造型出发，产品的设计可以是产品的取材，例如许多美妆品牌的销售，像SK-II护肤精华露，也叫神仙水，该产品主打Pitera™，一种半乳糖酵母样菌发酵产物滤液，公司声明这样的透明液体可以明显地加快肌肤表皮层代谢，让女性肌肤一直晶莹剔透，这就是神仙水产品塑造的独特性。

产品独特性的塑造可以让产品区别于其他同类产品，凸显该产品的与众不同，当然在直播带货中，产品独特性的塑造必须要紧抓消费者的购买需求，例如神仙水的功效是改善女性肌肤表皮，那就紧紧围绕女性想要改善肌肤的需求而塑造。

（2）产品的稀缺性

要突出产品的稀缺性可以在直播带货时强调产品的设计，例如限量、专业定制，表示这类产品是独一无二的，甚至具有收藏价值，例如许多限量款的球鞋，带有独家签名的球鞋、服饰等，都具有稀缺性。

除此之外，还可以从产品的功能上着手，对产品特有功能、使用人群、使用场景甚至产地进行宣传，例如地方特产就是利用地理的特殊性进行销售。

（3）产品的优势性

产品的优势性是产品的先进技术优势，主要体现在研发创新上，手机或其他电子产品的直播,可以借助产品的技术创新进行价值塑造,例如拍照像素、续航能力、显示分辨率等,甚至可以是刷新用户认知的产品特点,给用户制造惊喜,例如某些黑科技产品。

除此之外,还可以从产品的造型优势上出发,例如包包的直播,小型包包强调轻巧便捷,大小正好适合放置手机以及钱包、口红,并具有外形独特、百搭,适合拍照等特点;较大型包包强调容量大,可放置化妆品、雨伞,适合短期旅行,这些都是从不同产品的特点出发,表达不同优势的。

(4)产品的利益性

产品的利益性指产品与用户之间的利益关系,产品的利益价值塑造需站在用户的角度进行分析。例如介绍产品为用户提供了更加舒适的生活环境,或者替用户解决了某些问题,总的来说就是产品能够带给用户好处。例如,在家电直播时,可以强调产品给消费者生活带来的便捷之处。

无论是哪方面的价值塑造都是基于产品本身的价值,产品使消费者获得更好、更舒适的生活体验,这就是产品价值塑造的基础。以上塑造价值的方法都是基于产品本身。除此之外,还可以通过赋予产品其他价值来实现产品的价值塑造,可以从两个方面来赋予价值,如图10-7所示。

图10-7　赋予产品额外价值的方法

10.2.3　抓住用户的痛点和实际需求

在直播带货中,用户的需求是购买产品的重要因素。需求分为两大类,一类是直接需求,也就是所谓的用户痛点,比如用户在购买时表达的想法,需要什么样的产品类型,这就是直接需求。

另一类是间接需求,这类需求分为两种,一种是潜在需求,主播在带货过程中可以引导用户的潜在需求,激发用户的购买欲望,潜在需求可能是用户没有明确表明的,或者是语言上不能表明清晰的;另一种是外力引起的需求,由于环境等其他外力因素促使用户进行消费的行为。

在带货的过程中，不能只停留于用户的直接需求，应该挖掘用户的间接需求，如何了解用户的间接需求，可以从以下几点出发。

（1）客观思考分析消费者的表达

当消费者在直播间进行弹幕提问的时候，并不一定只停留在言语的表面，主播需要客观分析，去思考用户真正需要的产品，可能消费者本身也并不清楚自己所需要的产品，主播在直播时应加以引导。

（2）选择与用户相符合的产品

每个产品都有针对的用户群体，你的产品打造和营销与用户相匹配，就能引起共鸣，满足用户的需求。例如高端品牌的直播，符合高消费人群的喜好，这类用户在购物时可能更注重产品的设计感、时尚感，不太重视价格。因此，主播可以重点分析和讲述产品。

（3）选择符合用户审美的背景

在直播带货中，可以抓住用户的审美，设计精致的产品外形，满足用户的审美需求，吸引用户购买。例如主打"高级感"的店铺可以选择简单的背景墙+有质感的装饰品，在直播中进行背景衬托。图10-8所示为淘宝某服装店铺的直播间。

图10-8　淘宝某服装店铺的直播间

10.2.4　筛选产品来增加用户满意度

直播带货中产品的好坏会影响用户的体验，所以我们可以从以下几点来选择带货的产品。

（1）选择高质量的产品

直播带货中不能有假货、三无等伪劣产品，这属于欺骗消费者，被曝光后会被严厉惩罚，主播一定要本着对消费者负责的原则进行直播。

消费者在主播的直播间下单，必然是信任主播，伪劣产品的代言对主播本人的形象是很不利的，选择优质的产品既能增加粉丝的信任感，又能提高产品的复购率。那么如何选择高质量的产品呢？如图10-9所示。

图10-9　如何选择高质量的产品

（2）选择与主播人设相匹配的产品

如果是网红或者明星进行直播带货，可以选择符合自身人设的产品，例如作为一个"吃货"，选择的可以是美食产品；作为一个健身博主，选择的则是运动服饰、健身器材等；作为一个美妆博主，选择的可以是化妆品、护肤品等。

其次是人设的性格，例如这个主播的人设是鬼马精灵，那么她直播带货的产品品牌调性可以是活力、明快、新潮等，偏向活力、积极、动感的产品设计；如果是认真、严谨的人设，所选择的产品可以更侧重于高品质、具有优质服务、可靠的产品，也可以是具有创新的科技产品，总之，应选择与主播人设相匹配的产品。

例如罗永浩的直播，他选择的直播带货的产品就是大家所熟悉的经典款，小米有品首款众筹超过千万元的白酒，直播的带货效果十分可观，如图10-10所示。

（3）选择一组可配套使用的产品

消费者在购买产品时，通常会对同类产品进行对比，如果单纯利用降价或者低价的方式，可能会造成用户对产品质量的担忧。但是利用产品配套购买优惠或者送赠品的方式，用户既不会让对品质产生怀疑，又能在同类产品中产生相对划算的想法而下单，让消费者内心产生买到就是赚到的想法。

图 10-10　罗永浩直播间截图

在服装的直播中，可以选择一组已搭配好的服装进行组合销售，既可以让消费者因为觉得搭配好看而下单，还能让消费者省去搭配的烦恼，对于不会搭配的消费者来说，省时又省心。

> **专家提醒**
>
> 如果消费者购买后因为搭配效果很好，获得朋友的赞美，既加强了消费者对主播的信任，同时又增加了复购率。

（4）选择一组产品进行故事创作

在筛选产品的同时进行创意构思，加上场景化的故事，创作出有趣的直播带货过程，让消费者产生好奇心，并进行购买。

故事的创作可以是某一类产品的巧妙利用，在产品原有的基础功能上进行创新，另外也可以是产品与产品之间的妙用，产品与产品之间的主题故事讲解等。

10.2.5 营造紧迫感来促使用户下单

营造紧迫感可以从时间上、数量上着手,在紧张的气氛下让人产生抢购的心理,从而进行下单购买。

(1) 时间上的紧迫

制造时间上的紧迫感,例如限时抢购、限时促销等,这类产品经常是高销量的产品,价格也比较实惠。图10-11所示为淘宝限时抢购的产品。

除此之外,一些直播间的标题也会直接运用限时抢购的词汇进行直播,比如淘宝"限时抢购"的直播间,如图10-12所示。

图10-11 淘宝限时抢购的产品

图10-12 淘宝"限时抢购"的直播间

专家提醒

限时抢购的产品通常能吸引大量用户购买,观看直播的用户通常因为在直播间下单有优惠,再加上"限时抢购"的方式,可以促使更多用户购买。

（2）数量上的紧迫

数量上的紧迫主要是限量抢购，限量抢购的产品通常也是限时抢购的产品，但是也有可能是极少数额的限量款，还有可能是清仓断码款，例如淘宝品牌清仓的"断码"标签中的产品，如图10-13所示。

在直播带货的时候，经常会有限量抢购或者孤品秒杀的直播间，如图10-14所示。除此之外，还能对直播的产品进行限量分批上架，制造紧缺。

图10-13　淘宝品牌清仓"断码"标签中的产品　　图10-14　淘宝平台限量抢购的直播间

10.3 直播带货的11个技巧

直播最大的价值就是能吸引用户的注意力，赢得用户的流量，从而获得更高的销量。总而言之，直播只是带货的一种方式和手段。

在直播的过程中，用户的关注度相较于传统的电商销售会更高，直播的画面和传统的电商商品菜单相比更为形象、生动，且在直播间内，不会受到其他同类商品的影响，因此商品转化率比传统的电商更高，这也是直播带货流行的原因之一。

下面就来介绍直播带货的一些常用的技巧，以帮助新主播提高直播间的产品销量，获得更多的收益。

10.3.1 专业的导购更具有权威性

产品不同，推销方式也会有所不同，许多专业性的产品需要进行专业讲解。例如汽车直播，观看用户多为男性，喜欢观看驾驶实况，并且大多数是为了了解汽车资讯以及买车，所以专业型的直播更受用户欢迎和青睐。

在汽车直播中，用户最关心的还是汽车的性能、配置以及价格，所以更需要专业型的导购。同时，汽车直播多在汽车资讯平台进行，专业的平台积累了更专业的内容、资源、服务以及更稳定的用户，但是相对其他电商直播来说，汽车直播用户转换率还是偏低。

10.3.2 结合产品的实力展现效果

想要利用直播做好营销，最重要的就是向用户呈现产品所带来的改变。这个改变也是证明产品实力的最佳方法，只要改变是好的，对用户而言有实用价值，那么这个营销就是成功的。用户在看完直播后发现产品与众不同，就会产生购买欲望，所以在直播中展示产品带来的变化非常重要。

例如，淘宝直播中一家专门卖化妆品的商家在策划直播时，为了突出自家产品的非凡实力，决定通过一次以"橙花素颜霜教你一分钟化妆"为主题的直播活动来教用户化妆，听起来不可思议，但这恰恰吸引了不少用户前来观看。这种直播不仅突出了产品的优势，还教会用户化妆的技巧。此次直播短时间内吸引了6000多人观看，为这家小小的商铺带来了不少流量。

商家或主播在直播的过程中，一定要将产品的优势和效果尽量在短时间内展示出来，让用户看到产品的独特魅力所在，这样才有机会将直播变为产品营销的手段和途径。

10.3.3 围绕产品特点来策划段子

"段子"本身是相声表演的一个艺术术语。随着时代的变化,它的含义不断被拓展,也多了一些"红段子、冷段子、黑段子",近几年活跃在各大社交平台上。

除此之外,也可以策划幽默段子。幽默段子作为最受人们欢迎的幽默方式之一,得到了广泛的传播和发扬。微博、综艺节目、朋友圈里将幽默段子运用得出神入化的人比比皆是,这样的幽默方式也赢得了众多粉丝的追捧。

例如,在著名央视"段子手"朱广权与"带货一哥"李佳琦连麦共同为武汉带货的直播间,就运用了此方法,如图10-15所示。

图10-15 朱广权与李佳琦连麦直播带货

在这场直播中,朱广权讲了许多段子,例如"我命由你们不由天,我就属于佳琦直播间。""烟笼寒水月笼沙,不止东湖与樱花,门前风景雨来佳,还有莲藕鱼糕玉露茶,凤爪藕带热干面,米酒香菇小龙虾,守住金莲不自夸,赶紧下单买回家,买它买它就买它,热干面和小龙虾。""奇变偶(藕)不变,快快送给心上人。""人间唢呐,一级准备,OMG,不是我一惊一乍,真的又香又辣,好吃到死掉的热干面令人不能作罢,舌头都要被融化,赶紧拢一拢你蓬松的头发,买它买它就买它,运气好到爆炸,不光买到了还有赠品礼包这么大,为了湖北我也是拼了,天呐!"等各式各样有趣的带货段子。

10.3.4 分享干货以及精准地营销

直播带货中一定要分享干货以及产品的使用技巧，主播一定要言之有物，如果主播的观点没有内涵和深度，是无法获得用户的长久支持的，也不会有多大的热度。

其次是要精准营销，直播营销虽然已是大势所趋，但仍存在一些不可避免的缺陷。比如，一些企业的直播受众只看不买。因此，如何使直播受众转化为有价值的用户是企业进行直播营销的关键所在，巧用口令红包券可以很好地解决这一问题。

当然，在使用口令红包券这一技巧吸引用户时，有两个需要注意的事项，如图10-16所示。

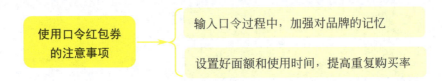

图10-16　使用口令红包券的注意事项

10.3.5 将产品融入植入的场景中

在直播营销中，想要不露痕迹地推销产品，不让用户太反感，最重要的就是将产品融入场景。这种场景营销类似于植入式广告，目的在于营销，方法可以多式多样。下面是将产品融入场景的技巧，如图10-17所示。

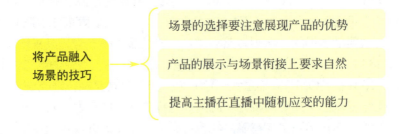

图10-17　将产品融入场景的技巧

10.3.6 展示用户体验，提高口碑

在用户消费行为日益理性的情况之下，口碑的建立和积累可以让电商营销更为持久。建立口碑的目的就是为品牌树立一个良好的形象，并且口碑的力量会在使用和传播的过程中不断加强，从而为品牌带来更多的用户流量，这也是为什么电商会希望用户能给予好评。

在淘宝平台，店铺会拥有三个评分：宝贝描述、卖家服务、物流服务三个评分的高低在一定程度上会影响用户的购买率。评价越高，用户的使用感越好，则店铺的口碑越佳。

优质的产品和售后服务都是口碑营销的关键，售后处理不好会让用户对产品的印象大打折扣，会降低复购率，优质的售后服务能够推动口碑的建立。口碑是品牌的整体形象，这个形象的好坏主要体现在用户对产品的体验感的好坏，所以口碑营销重点还是不断提高用户体验感，具体从以下3个方面进行改善，如图10-18所示。

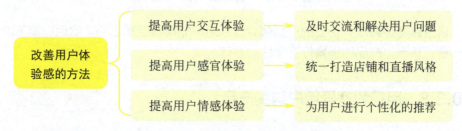

图10-18　改善用户体验感的方法

那么，一个好的口碑又具有哪些影响呢？具体内容如下。

① 挖掘潜在消费者。口碑营销在消费者的购买中影响重大，尤其是潜在消费者，这类用户会询问已购买产品的消费者的使用体验。或者查看产品评论，查找用户使用感受。所以，产品的评价在很大程度上会影响潜在用户的购买。

② 提高产品复购率。对于品牌来说，信誉是社会认同的体现，好口碑的品牌也是提高产品复购率的营销方案，同时也反映了品牌的信誉度。

③ 增强营销说服力。口碑营销相较于传统营销更具感染力，口碑营销的营销者其实是使用过产品的用户，而不是品牌方，这些使用过的用户与潜在消费者一样，都属于消费者，在潜在用户的购买上都更具有说服力。

④ 解决营销成本。口碑的建立能够节约品牌在广告投放上的成本，为企业的长期发展节省宣传成本，并且替品牌进行推广传播。

⑤ 促进企业发展。口碑营销有助于减少企业营销推广的成本，并增加消费者数量，最后推动企业成长和发展。

10.3.7 专注一款产品的直播营销

一个直播只做一个产品，听起来觉得不利于产品的促销，但实际上为了让用户更加关注你的产品，专注于一个产品才是最可靠的。这种方法对于那些没有过多直播经验的企业来说更为实用。

一般来说，企业的直播专注于一个产品，成功的概率会更大。当然，在打造专属产品时，企业应该尤其注意两点，如图10-19所示。

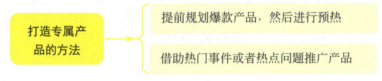

图10-19　打造专属产品的方法

通过这两种方法，企业的产品就会进入用户的视线范围之内，给用户留下深刻的印象，从而为产品的销售打下良好的基础。

10.3.8 用福利诱导用户购买产品

想让用户在观看直播时快速下单，运用送福利的方式能起到很好的效果。因为这很好地抓住了用户偏好优惠福利的心理，从而"诱导"用户购买产品。

例如，有家名为"玖姿专柜店"的店铺，进行了一场标题为"玖姿，春夏新款一折抢"的直播。用户从标题就可以知道这家店铺在做活动，于是产生了观看直播的想法。

图10-20所示为主播在展示衣服的质地。用户如果觉得合适，就可以在直播页面的下方点击产品链接直接下单，如图10-21所示。除此之外，在折扣、清仓的时候同样也很适用。

> **专家提醒**
>
> 送优惠券的方式分为三种：① 通过直播链接发放优惠券。
> ② 在直播中发送优惠券。
> ③ 在直播中抽奖送礼物。

图 10-20　展示产品的质地

图 10-21　直播中的打折产品

10.3.9　用产品的性价比打动用户

在直播中体现物美价廉是吸引用户关注并下单的一个技巧。比如主播在直播时反复说"性价比高，包您满意"等语句，很多人觉得这样吆喝太过直接，但用户其实需要主播向他们传达这样的信息，因为大部分消费者都持有物美价廉的消费观。

例如，有一位试图推销 VR 眼镜的淘宝店主在某平台直播，就利用了这个技巧吸引了上万用户的关注，这家店铺的热度迅速上升，产品也因此得以大卖。那么，这位淘宝店主具体怎么做的呢？将其营销流程总结为三个步骤，如图 10-22 所示。

图 10-22　VR 眼镜的直播流程

在直播中，主播还给用户送上了特别优惠，给"物美价廉"又增添了几分魅力，不断吸引用户前去淘宝下单，这款产品也成了该主播的爆款。

10.3.10　设置悬念来吸引用户兴趣

制造悬念吸引人气是很多营销人都在使用的方法，而这对于直播变现也同样适用。在直播中与用户互动挑战，激发用户的参与热情，也使得用户对挑战充满期待和好奇。例如，微鲸电视曾经很好地利用了"设悬念网人气"的方法，获得了巨大的成功。趁着欧洲杯期间人们对足球热情的高涨，很多企业加入直播的队伍之中，微鲸电视就是其中一个。它联合美拍进行了一场主题为"颠疯挑战"的直播。

那次直播中最大的看点就是"中国花式足球第一人"谢华参与挑战2小时颠球4000下。这次挑战直播设置了悬念，留住了用户，还有效增强了用户对微鲸品牌的好感度。

此外，通过设置直播标题和内容双料悬念也是网罗人气的一大绝佳方法。有些直播标题虽然充满悬念，但直播内容却索然无味，这就是人们常说的标题党。那么，要如何设置直播标题的悬念呢？笔者总结了3种方法，如图10-23所示。

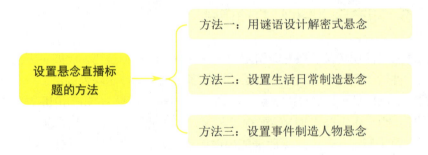

图10-23　设置悬念标题的方法

至于制造直播内容悬念方面，就要根据企业自己的实际情况进行直播，一定要考虑到产品的特色以及主播的实力等因素，不能夸大其词。例如，淘宝直播平台上"全球宠粉，排位盛宴冲""跟随我的脚步淘好货"的直播标题，如图10-24所示。

这些标题带有悬念的意味，更容易吸引用户的好奇心，从而将其转化为粉丝，实现变现。因此，设悬念网人气不失为直播变现的一个好策略。

第10章 19个操作：让直播成为电商带货"神器"

图 10-24　悬念直播标题案例

10.3.11　进行对比突显产品的优势

直播变现的技巧除了围绕产品本身之外还有一种高效的方法，即在直播中加入同类产品的对比。通过对比使用户更加信任你的产品，同时也可以带动气氛，激发用户购买的欲望。当然，在直播中进行产品的对比还需要一些小诀窍，笔者将其总结为4点，如图10-25所示。

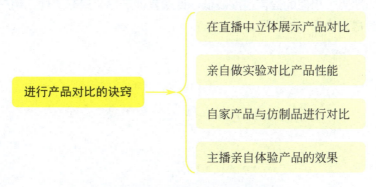

图 10-25　进行产品对比的诀窍

173

在这些诀窍中,尤其是主播亲自体验产品的效果,这一点能引起用户的共鸣,获得用户的信赖。比如,淘宝直播中有一个专门卖包包的店家,在直播中不断展示包包的材质、特点、款式,与仿制品相比,就连拉链、小口袋也都一一为用户呈现,如图10-26所示。

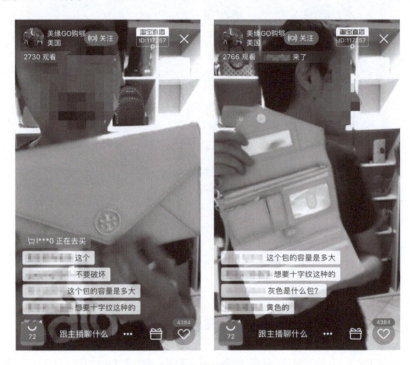

图10-26 店家在直播中亲自对比产品

由此可以看出,在直播中加入对比的方法确实能吸引用户的关注,还能为直播增加一些乐趣。但是,主播在将自家产品与其他产品进行对比时,也要注意文明用语,不能以恶劣、粗俗的语言过度贬低、诋毁其他产品。只有这样,用户才会真正喜欢你的直播,信赖你的产品。

第11章
26大优势：
专业运营能提高直播效率

直播运营想要有条不紊地进行，就应该有一个周密的策划流程。如果只是敷衍了事，很难获得用户的关注和追捧。本章将向大家介绍直播运营的几大流程：选主题、找渠道、供内容、齐推广，旨在帮助大家熟悉流程，掌握直播运营的策略。

11.1 直播的主题以用户为核心

做好直播运营的第一步就是选好主题,一个引人瞩目的标题是传播广泛的直播不可或缺的。因此,如何确立直播主题,吸引用户观看是直播运营中最关键的一个步骤。俗话说"好的开头是成功的一半",选好直播主题也是如此。本节将向大家介绍几种确立直播主题的方法,如从用户角度出发、及时抓住时代热点、打造直播噱头话题、专注围绕产品特点等。

11.1.1 明确直播目的并做好准备

首先,主播要明确直播的目的。如果想要提高销售量,就将直播主题指向卖货的方向,吸引用户立即购买;如果目的是通过直播提升主播知名度和品牌影响力,主题就要策划得宽泛一些,最重要的是要具有深远的意义。直播的目的大致可以分为3种类型,如图11-1所示。

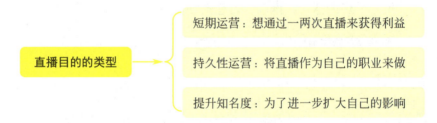

图11-1 直播目的的类型

对于持久性营销而言,其直播目的在于通过直播平台持续直播,获得比较稳定的用户,所以持有这类直播的主题应该也具备长远性的特点。在策划直播主题时应该从自身产品的特点出发,结合同类产品突出自己的优势,或者直接在直播中教授给用户一些实用的知识和技巧。这样一来用户就会对店家产生好感,并成功成为店家的"铁杆粉丝"。

例如,淘宝直播中有一个叫"某微胖定制"的商家,一个专门为微胖女孩提供定制衣服的商家。店内所有服装的款式都主打显瘦的效果,吸引了不少粉丝。这个商家的直播中,不仅有产品的直接展示,还会告诉用户怎样选择适合自己身材的衣服,让用户在购物的同时还学到了不少知识。图11-2所示为这家淘宝店铺的主页及直播页面。

从图中可以看出，店家在直播中推送了模特的身高和体重，供买家参考。用户看到之后就会觉得很实用，同时也有效抓住了女性的爱美心理，使得用户与店家产生紧密的联系。

图11-2　淘宝店家的店铺主页及直播页面

许多用户在观看完直播后能得到一定的收获，所以也会对下次直播会带来什么精彩内容充满期待。这就是持久性运营的直播目的，为了实现销售的长久性，全力黏住、吸引用户。

11.1.2　从用户的角度出发来制定

没有人气的直播是无法经营下去的。因此，直播主题的策划应以用户为主，从用户角度出发，要注意以下3点，如图11-3所示。

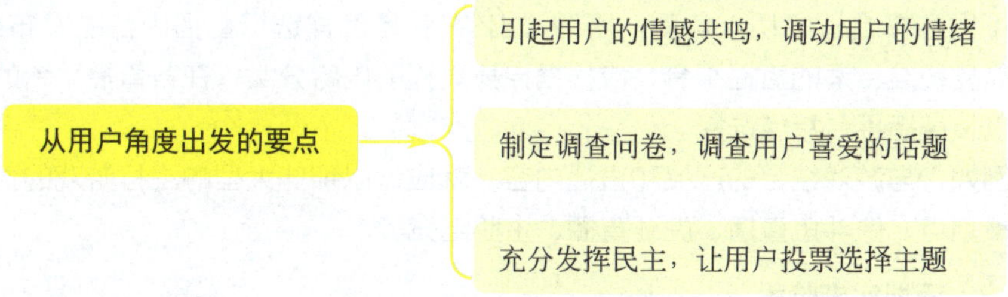

从用户角度出发的要点：
- 引起用户的情感共鸣，调动用户的情绪
- 制定调查问卷，调查用户喜爱的话题
- 充分发挥民主，让用户投票选择主题

图11-3　从用户角度出发的要点

从用户角度切入最重要的是了解用户究竟喜欢什么，对什么感兴趣。有的直播为什么如此火热？用户为什么会去看？原因就在于这些直播迎合了用户的口味。

现在关于潮流和美妆的直播是比较受欢迎的，因为直播的受众大多都是年轻群体，对于时尚有自己独特的追求，比如"清新夏日，甜美时尚减龄搭""小短腿的逆袭之路""微胖女孩的搭配小技巧"等主题都是用户所喜爱的。美妆类的直播更是受到广大女性用户的热烈追捧。

除此之外，各种新鲜热点、猎奇心理的主题也能勾起用户的兴趣，主播需要从身边的事情挖掘，同时多关注那些成功的直播是怎么做的，这样才能策划出一个完美的主题。

当然，用户投票选择主题也体现了从用户角度切入。一般直播都是主播决定主题，为了迎合用户，主播就要按照用户的意愿来，主播要随机应变，积极调动用户的参与积极性。另一种方法就是直播之前投票。比如主播可以在微信公众号、微博等社交软件发起投票，让用户选择自己喜爱的主题。

11.1.3 及时抓住时事热点来策划

在互联网快速发展的时代，热点就代表了流量。因此，及时抓住时代热点是做营销的不二选择。在这一点上，主播要做的就是抢占先机，迅速出击。例如，一个服装设计师想要设计出一款引领潮流的衣服，那他就要有对时尚热点的敏锐眼光和洞察力。确立直播主题也是如此，一定要时刻注意市场趋势的变化，特别是社会热点。

总而言之，既要抓住热点，又要抓住时间点，还要抓住用户的心理，这样才能确定出一个优秀的直播主题。在直播内容策划中，抓住热点做直播应该分3个阶段进行，具体内容如下。

（1）策划开始阶段

在这一阶段，直播营销和运营者首先要解决的是"入"和"出"的问题。所谓"入"，就是怎样把热点嵌入直播内容中，这需要找准一个角度，应该根据产品、用户的不同选择合适的切入角度。所谓"出"，就是怎样选择直播内容的发布渠道，这就需要找准合适的直播平台，应根据自身直播的内容分类、在各直播平台的粉丝数量以及直播平台特点选择。

例如，与游戏结合的产品和直播内容，就应该以那些大型的主打游戏的直播平台为策划点，像斗鱼直播、虎牙直播、企鹅电竞等。

（2）策划实施阶段

直播内容有了产品切入角度和合适的平台选择后，在此基础上进行内容准备。

首先,策划者应该撰写一篇营销宣传文案,以便使直播营销更快实现。撰写文案时应该抓住热点和受众兴趣的融合点。其次,应该对直播内容进行整体规划布局,根据热点策划直播内容具体应该注意以下几个方面,如图11-4所示。

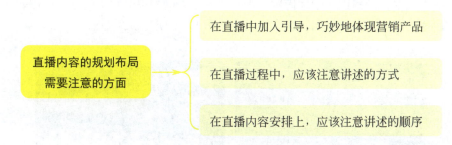

图11-4　直播内容的规划布局需要注意的方面

（3）策划输出阶段

热点是有时效性的,而直播内容的输出也应该在合适的时间点呈现出来,既不能在热点完全过时的时候,因为那时已出现了新的热点。又不能在热点还只是萌芽的时候呈现,除非企业自身有着极大的品牌影响力,否则可能因选择不当而错失机会,也可能为其他品牌宣传做了嫁衣。

因此,直播内容在策划输出时应该找准时间点,快且准地击中用户的心,吸引他们关注。其实通过把握热点话题来策划直播内容是一个非常有效的营销方式,具有巨大的营销作用。

① 以热点吸引大量的用户关注,增加直播内容受众。

② 以热点的传播和用户参与来引导产品广泛销售出去。

11.1.4　利用噱头来打造直播话题

制造一个好的话题是直播营销成功的法宝之一。当然,制造话题也需要技巧,巧用噱头打造话题令用户为之兴奋。

那么,如何利用噱头来打造话题呢？从不同的角度可分为3类。

① 引用关键热点词汇做噱头。

② 抛出关于主播的噱头。

③ 通过爆炸性新闻当噱头。

在策划直播主题时,主播要学会利用热点词汇做噱头来吸引用户的注意。例如,在《文坛》相声中有一句话:"干干巴巴的,麻麻赖赖的,一点都不圆润,盘它！"

这句话原本的笑点在于不管是什么都能盘，遇到什么盘什么。后来被很多主播用于直播带货中力推产品，让用户买它。类似的热点词汇还有很多，比如"走心""安利"等。

在直播中，商家也巧妙地借用"走心"这个关键词来吸引用户流量。例如下面淘宝直播的两个主题就采用了这个热词，如图11-5所示。

图11-5 利用热词打造直播主题

由此可见，打造噱头主题时借鉴热点词汇确实是一个相当实用的技巧，成功地引起了人们的情感共鸣，同时也获得了人气和收益。成功的直播主题策划要能吸引用户前来观看，因此打造噱头成为一种针对性的文案写作方式。

11.1.5　围绕产品特点来展现优势

围绕产品特点的核心就是"让产品做主角"。有的主播在直播时将产品放在一边，根本没有向用户详细介绍产品的优势和特点，一味给用户讲一些无关紧要的东西；有的主播一开始就滔滔不绝地介绍产品，丝毫没有讲关于产品的操作和使用方法，这两种直播方法对主播的营销来说都是不可取的。

主播必须要清楚地认识到：产品是关键，产品才是主角，直播的目的就是让产品给用户留下深刻印象，从而激发用户的购买欲。那么"让产品当主角"具体该怎么做呢？笔者总结了3个基本要点，如图11-6所示。

图11-6　围绕产品直播的3个基本要点

例如，淘宝直播中有一个卖珊瑚玉的商家，在直播中展示了产品的相关信息，如图11-7所示。而他的直播内容全都是围绕产品进行的，比如珊瑚玉的特色、质地等，而且可以在看直播时点击链接购买，如图11-8所示。

图11-7　商家对珊瑚玉进行展示

图11-8　珊瑚玉的购买链接

由此可以看出，用户看以销售为目的的直播就是因为对产品感兴趣，因此，直播主题策划就应该以产品为主，大力宣传产品的优势、特点，只有这样用户才会观看直播，从而购买产品。

11.2 找准直播的传播运营模式

在运营直播的时候,找准传播渠道也是一个重要的方面。这种传播渠道从某种意义上来说也是一种模式。随着直播的不断深入发展,其已渐渐成为常见的营销方式。想要将产品成功地推销出去,找准传播渠道是一个必不可少的环节。

11.2.1 发布会式直播,多平台同步

发布会式直播这种模式的重点在于多平台同步直播,因为只有多平台同步直播才能吸引更多的用户关注,打个简单的比方,央视的春节联欢晚会如果没有各大卫视的转播,其知名度、曝光率就不会有那么高。让产品多渠道展现是向喜欢不同平台的用户提供讨论的专属空间,这样一来,他们也能在自己已经熟悉的互动氛围中进行自由的交流和讨论。

例如,小米手机的新品发布会就格外惹人注目,不同于以往只能在小米官网的直播平台上观看,现在各大直播平台都能观看。比如人气超高的虎牙直播、斗鱼直播、哔哩哔哩直播等。

而小米发布会在各大平台直播所引起的讨论风格也各不相同,因为每个平台的用户群体特征不一样,因此各自的观点也有差异。这种发布会式直播的模式之所以能获得令人意想不到的效果,其原因在于三个方面。

一是直播之前,发布会官方的媒体会进行大力宣传和预热,制造系列悬念吸引用户眼球;二是模式比较新颖,将传统的商业发布会与直播结合起来,抓住了用户的好奇心理;三是给用户提供了互动的渠道,对产品的不断改进和完善更加有利。

小米新品发布会运用多平台同步直播的这种方式,值得其他产品借鉴。当然,这也要根据产品的性质而定。但不容置否的是,小米的发布会直播取得了巨大的成功,此种模式为其带来了更多曝光和流量。

11.2.2 作秀式直播,掌握方法技巧

"作秀"这个词语可以分两个层面来解释:一个是单纯地耍宝;还有一个意思就是巧妙地加入表演的成分。很多主播和商家为了避免有作秀的嫌疑,可能会一本正经地直播,往往没有什么人看。而有的主播则会利用作秀式直播来取得销售佳

绩。想要打造好这种模式是需要技巧的。

最重要的是要在直播中去除"营销的味道",想要利用作秀式直播的模式获得人气,就需要结合产品发挥出自己的特色,又不能把重点倾向于作秀,因此把握尺度是这种模式的核心。

主播直播时不能一上来就讲产品,这样显得太乏味,可以找用户感兴趣的话题,然后慢慢引到产品本身。也不能全程都在讲产品,这样用户会失去继续看直播的动力。最好的办法就是做出有自己特色的直播。

在直播中加入特色桥段,让用户感觉有新意,就像表演一样给人带来视觉享受。作秀式直播的模式只有把握住用户的心理才能获得成功。

11.2.3 颜值式直播,吸引用户注意

那些人气高、频繁登上平台热榜的主播,实际上都是依靠背后的经纪公司或者团队的运作,同时他们也要有自己的优势。

爱美是人之常情,人人都喜欢欣赏美好的事物,所以颜值成为营销手段的因素之一也不难理解。但需要注意的是,光有颜是不够的,要把颜值和情商、智商相结合,这样才能实现颜值式直播的效果。

如何塑造一个有颜值的主播呢?邀请颜值较高的网红或明星做主播;主播的服装、妆容造型要靓丽;主播的行为要优雅。在直播中,主播的表现与产品的销售业绩是分不开的,用户乐意看到颜值高、情商高的主播,这也是高颜值主播人气高的原因所在。

例如,SK-Ⅱ就曾邀请代言人霍建华担任新品发布会的主播,在美拍直播平台上进行了一场人气爆棚的直播。这次直播短时间内吸引了80多万人观看、近3000万点赞量。通过这次直播,本来口碑就很好的SK-Ⅱ品牌又获得了更多的知名度和曝光率,此次发布新品的销售业绩也是节节攀升。

11.2.4 限时式直播,抓住用户心理

众所周知,直播是为了营销,那么如何让顾客产生购物的欲望则是主播需要思考的问题。例如采用限时式直播的模式,就会大大激发用户购买产品的欲望,这是一种抓住用户心理的营销战术,能够最大限度地带动用户的购买热情,从而实现营销的目的。

比如天猫、淘宝、聚美等平台上的直播都可以边看边买,这样的平台更适合限时式直播的模式,为用户提供浸入式的购物体验。当然,加入限时购模式也需要技

巧，应根据用户心理来选择时机变换弹出产品的方法，单一的形式不容易引起用户的注意。

例如，"邱肉瑶"是一个专卖潮流女装的淘宝商家。该商家主要靠自己的主播推销产品，不但亲自换装告诉娇小用户如何搭配衣服，还认真回答用户提出的各种问题，解决用户的疑惑。

在直播中主播向用户介绍相关产品的同时，屏幕上就会弹出相应的商品链接，感兴趣的用户可以马上购买。如图11-9所示，主播刚介绍完一款上衣，屏幕就弹出了这款产品的链接。

图11-9　淘宝服装店直播弹出的产品链接

如果用户在观看的同时关注了主播，还会有红包派送，这样不仅让用户更加想要购买产品，还吸引了大量潜在顾客。此外，屏幕下方还有一个产品信息栏，用户可以点击"看讲解"图标获得相关的产品信息，在此选购自己喜爱的产品，如图11-10所示。

主播运用限时式直播的模式进行营销是明智的选择，加入限时购的信息页面，会让用户果断下单购买，从而提升销售业绩。

图 11-10　屏幕下方的产品信息栏

11.2.5　IP式直播，营销的效果可观

　　直播营销和IP营销是互联网中比较火的营销模式，很多娱乐主播、著名品牌都采用这两种营销模式，如果将两种模式结合起来，直播的效果会更加好。直播营销想要真正火热起来，并立于不败之地，就需要IP的鼎力相助。

　　当然，IP也分为很多种，比如一些名人、明星本身就是一个IP，那些经久不衰的小说、名著是IP，一本经典的人气漫画也是IP。IP式直播模式的核心是如何利用IP进行直播营销，主播如果想要引流吸粉，就应该利用名人效应，传统的营销模式同样也会邀请名人代言。

　　随着时代的进步、科技的发展、人们购物心理的变化，传统的营销方式不再适用。各种营销手段和营销工具源源不断地产生，名人IP也成为直播营销中不可或缺的宝贵资源。各大主播应该学会借助IP进行直播营销，利用IP的热度效应，吸引用户观看直播，从而达到直播营销的效果。IP式直播模式的吸粉引流效果是不容小觑的，善加利用的话一定能取得巨大的成效。

11.3 全面打造提供优质的内容

直播营销的内容往往是最值得注意的，只有提供优质内容才能吸引用户，主播应结合多个方面综合考虑，为创造优质的内容打下良好的基础。本节将从内容包装、互动参与、内容造势、突出卖点、内容攻心、口碑营销、事件营销、创意营销等多个方面介绍如何提供优质内容。

11.3.1 通过内容包装获得更多曝光

对于直播营销的内容来说，终归还是要通过盈利来实现自己的价值。因此，内容的电商化非常重要，否则难以持久。要实现电商化，首先要学会包装内容，给内容带来更多的曝光机会。

例如，专注于摄影构图的头条号"手机摄影构图大全"就发布过一篇这样的文章"《湄公河行动》人像构图，教你如何拍出高票房！"通过将内容与影视明星的某些特点相结合，凭借影视剧的热度来吸引消费者的眼球，这是直播内容营销惯用的手法。

11.3.2 通过互动参与了解内容质量

内容的互动性是联系用户和直播的关键，直播的内容推送或者活动举办，最终的目的都是为了和用户交流。直播内容的寻找和筛选对和用户互动起着重要的作用。内容体现价值，才能引来更多粉丝的关注和喜爱。内容的质量不是通过粉丝数的多少来体现，和粉丝的互动情况才是最为关键的。

11.3.3 用动人的内容进行情景诱导

直播的内容只有真正打动用户才能吸引其长期关注。也只有那些能够留住与承载用户情感的内容才是成功的。在这个基础上加上电商元素，就有可能引发更大、更火热的抢购风潮。

直播内容并不只是用文字等形式堆砌起来就结束了，还需要用内容拼凑成一篇带有画面感的故事，让粉丝能边看边想象出与生活息息相关的场景，这样才能更好地勾起粉丝继续往下看的兴趣。简单点说，就是把产品的功能用内容体现出来，不是告诉粉丝这是什么，而是要告诉粉丝这个东西是用来干什么的。

11.3.4 对事件进行加工提高知名度

直播中采用事件营销就是通过对具有新闻价值的事件进行渲染和加工，让这一带有宣传特色的模式得以继续传播，从而达到实际的广告效果。事件营销能够有效提高主播或产品的知名度、美誉度等，优质的内容甚至能够直接让主播树立起良好的形象，从而进一步地促成产品的销售。

11.3.5 有内容质量的同时发挥创意

创意不但是直播运营发展的重要动力，也是必不可少的内容元素。互联网创业者或主播如果想通过直播来打造自己或品牌的知名度，就需要懂得"创意是王道"的重要性，在注重内容质量的基础上更要发挥创意。

一个具有创意的内容能够帮助主播吸引更多的用户，创意可以表现在很多方面，新鲜有趣只是其中一种，还可以是贴近生活、关注社会热点话题、引发思考、蕴含生活哲理、包含科技知识和人文情怀等内容。

对于直播运营来说，缺乏创意的内容只会成为广告的附庸品，因此主播在进行内容策划时，一定要注重创意性。

11.3.6 利用创新技术提高展示效果

直播市场可以说是群雄逐鹿，各种垂直化、综合化、功能化的平台都在并行发展。当然，其中不乏很多技术创新的平台，主要包括VR技术、AR技术、全息技术以及3D立体技术等直播内容的新技术。接下来就来介绍直播运营中这些技术的应用。

（1）VR技术

虚拟现实（Virtual Reality，简称"VR"）这个词最早是在20世纪80年代初提出来的，它是一门建立在计算机图形学、计算机仿真技术学、传感技术学等技术基础上的交叉学科。在直播内容中运用VR技术可以生成一种虚拟的情境，这种虚拟的、融合多源信息的三维立体动态情境，能够让观众沉浸其中，就像经历真实的世界一样。

（2）AR技术

增强现实（Augmented Reality，简称AR）其实是虚拟现实的一个分支，它把真实的环境和虚拟环境叠加在一起，然后营造出一种现实与虚拟相结合的三维情境。增强现实和虚拟现实类似，也需要通过一部可穿戴设备来实现情境的生成，比如谷歌眼镜或爱普生Moverio系列的智能眼镜，都能将虚拟信息叠加到真实场景中，从而增加现实感。更多主播都会将AR技术与直播结合起来，以此形成较大的影响力，从而提高自己的市场地位。

（3）全息技术

全息技术主要是利用干涉和衍射原理的一种影像技术，首先通过干涉原理将物体的光波信息记录下来，然后将这些光波信息展现为真实的三维图像，立体感强、形象逼真，让观众产生真实的视觉效应。无论是什么样的直播，都应该先丰富自身，而全息影像等新技术正是一种增强自我的好手段，可以为用户带来更加精致的内容。

（4）3D立体技术

3D立体技术主要是将两个影像进行重合，使其产生三维立体效果，用户在观看3D直播影像时需要带上立体眼镜，即可产生身临其境的视觉效果。在3D、VR等高新技术蓬勃发展的今天，主播可以将这些技术运用在网络直播的内容中，这也是让人期待的。

11.3.7　直播的内容要有真实的感觉

优质内容的定义也可以说是能带给用户真实感，真实感听起来很容易，但透过网络这个平台再表现，似乎就不再那么简单了。首先，主播要明确传播点，即你的内容是不是用户想要看到的，你是否真正抓住了用户的要点和痛点，这是一个相当重要的问题。

举个例子，你的用户群体大多都是喜欢美妆和服装搭配的，结果你邀请了游戏界的顶级玩家主播讲了一系列关于游戏技巧和乐趣的内容，那么就算主播讲得再生动、内容再精彩，用户也不感兴趣。这就是与用户喜好不相符合，脱离了真实感。这样的直播是不会成功的。

那么究竟要怎么做呢？用一个淘宝直播的例子来说明。比如"慧喵大大"这个主播就十分受用户欢迎，因为她充满真实感，也很接地气，她推荐的东西大多比较平价，每次介绍产品也不会用很夸张的语言，还亲自换装给用户展示效果，如图11-11所示。

图 11-11 "慧喵大大"的直播

从案例中可以看出，这个商家走的就是做真实内容的营销之路，取得了良好的营销成绩。她成功的原因在于：首先她明确了传播点，也就是中低层年轻群体，收入一般；其次，她在直播中的行为、语言都是真实的；最后，她成功抓住了用户的需求点。

11.3.8　无边界的内容能够出其不意

"无边界"内容指的是有大胆创意的、不拘一格的营销方式，比如iphone、耐克等品牌的广告内容中没有产品的身影，但表达出来的概念却让人无法忘怀，由此可以看出无边界内容的影响力之深。

正如某位名人说的"没有设计就是最好的设计"一样，直播中的无边界内容也是与传统内容完全不同的概念，它是一种创新性的概念。概括地说，无边界内容的直播营销就是在直播中完全没有看到任何与产品相关的内容，但是所表达出来的概念和主题等却会给受众留下深刻印象，让受众在接受直播概念和主题的同时推动它们迅速扩展，最终促成产品的营销。

做直播也应该创新，多创造一些"无边界"的内容，吸引人们的兴趣。比如耐克广告，全程未提及任何有关耐克产品的内容，但其所体现出来的那种不惧怀疑、勇于挑战的精神概念和主题却深入人心，其广告语"You'd better bring, cause I'll bring every I've got it.（你最好全心关注，因为我会全力以赴）"和"Just do it.（只管去做）"（图11-12）也被众多人记住。

图11-12　耐克广告

从耐克到iPhone，无不是利用能让人留下深刻印象的概念和主题来吸引受众，并发挥出它们超强的影响力。

我们再来看一个案例，在淘宝直播中有一家专门卖电子产品的，该商家以"王者荣耀等手游面临下架，竟因这个"为题，很多人都以为这只是一个日常的直播，没想到后来竟弹出了相关产品的购买链接，而且直播中还讲述了一些与游戏相关的知识，不看到产品链接根本无法联想到这是电子产品的营销。

这样无边界的直播内容更易被用户接受，而且会悄无声息地激发人们的购买欲望。当然，主播在创造无边界的内容时，一定要设身处地地为用户着想，让用户更好地接受你的产品和服务。

11.3.9　用增值的内容满足用户需求

在直播时要让用户心甘情愿地购买产品，最好的方法是提供给他们产品的增值内容。这样一来，用户不仅获得了产品，还收获了与产品相关的知识或者技能，一举两得。

那么增值的内容应该从哪几点入手呢？笔者将其大致分为3点，即陪伴、共享以及学到东西。

最典型的增值内容就是让用户从直播中获得知识和技能。比如天猫直播、淘宝直播、聚美直播在这方面就做得很好，一些利用直播进行销售的商家纷纷推出产品的相关教程，给用户带来更多"软需"的产品增值内容。

例如，淘宝直播中的一些化妆直播，一改过去长篇大论介绍化妆品成分、特点、功效、价格、适用人群的老旧方式，直接在镜头前展示化妆过程，边化妆边介绍产品，图11-13所示为主播为粉丝试色。

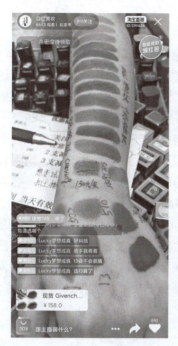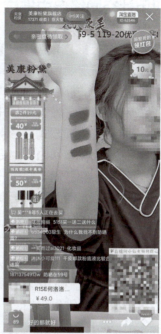

图11-13　美妆直播过程

在主播化妆的同时，用户可以通过弹幕向其咨询化妆的相关疑问，比如"油皮适合什么护肤产品？""皮肤黑也能用这款BB霜吗？"等，主播会耐心进行解答。

用户通过直播不仅得到了产品的相关信息，还学到了护肤和美妆的窍门，对自己的皮肤也有了比较系统的了解。用户得到了优质的增值内容，自然就会想要购买产品，直播营销的目的也就达到了。

11.4 集合多平台进行直播推广

随着互联网营销的不断发展，各种各样有助于营销的工具和软件以及平台应运而生。学会将直播推广出去，也是直播运营中不可或缺的一环。就算主播介绍得再好，内容再优质，如果没有恰当的推广，是无法达到最佳营销效果的。本节将向大家介绍在直播中推广的方法和诀窍。

11.4.1 利用社交网络自由推广

在直播前对直播进行推广预热十分有必要，只有这样才能保证有一定的流量。比如在微博平台，用户只需要用很短的文字就能反映自己的心情或者达到发布信息的目的，这样便捷、快速的信息分享方式使得大多数主播、商家和直播平台开始抢占微博营销平台，利用微博"微营销"开启网络营销市场的新天地。

在微博上引流主要有两种方式，分别是展示位展示相关信息和在微博内容中提及直播。更为常见的就是在微博内容中提及直播或者相关产品，增强宣传力度和知名度。例如各大直播平台都开通了自己的微博账号，主播、明星、名人也可以在自己的微博里分享直播链接，借此吸引更多粉丝。

微信与微博不同，微博是广布式，而微信是投递式，引流效果更加精准。因此，粉丝对微信公众号来说尤为重要。尤其是微信的朋友圈，微信运营者可以利用朋友圈的强大社交属性为自己的微信公众平台吸粉引流。因为与陌生人相比，微信好友的转化率较高。例如，我们可以将直播链接分享到朋友圈，如图11-14所示，好友只需要点击链接就可以观看直播。

图11-14　朋友圈推广直播

这种推广方法对于刚刚入门的主播更为适用，因为熟人会更愿意帮助推广，逐渐扩大影响力，这样才能吸引新用户的注意，获得更多流量。

11.4.2　建立品牌口碑专业推广

（1）自有平台和自媒体推广

一般来说，主播都拥有自己的平台，因此在做直播营销时可以利用自有平台做推广。比如小米会在自己的官方网站推送直播消息，京东会在京东商城推送京东直播的消息等。

小米利用官网进行直播推广能获得更大的浏览量，用户可以通过官网第一时间了解小米的直播动态。首先是官网推广，然后是微博、微信公众号等第三方平台，利用自有平台推广直播，更能培养粉丝的忠诚度。

此外，自媒体推广也是利用口碑推广的一种绝佳方法。例如，小米的很多直播都是雷军等商业"大佬"主持的，这样能吸引更多的用户。因为产品创始人能以自身的魅力获得用户的青睐，所以他们往往是推广直播的最佳人选。他们可以利用自身强大的影响力，在微信、朋友圈、微博、空间中推广直播，效果更加明显。

大主播可以凭借自身的品牌影响力来做直播推广，无论是主播的自平台，还是其他平台都可以，这就是大主播的优势所在。小主播想要利用这种方式进行推广，可以申请创建自平台。

（2）利用展览、会议提升热度

品牌主播可以通过举办展览、开会等方式进行直播推广，因为这些活动通常会吸引众多媒体参与，从而提升主播的品牌影响力。在此过程中为了宣传主播的品牌，可以加入直播，从而达到推广的目的。那么具体应该怎么做呢？笔者总结为3点，即发传单、做PPT展示、发放宣传册或纪念品。总之，利用口碑和品牌是一种方便又高效的推广方式，只要运用恰当就会取得良好的成效。

11.4.3　论坛推广的内容很丰富

论坛是为用户提供发帖、回帖的平台，它属于互联网上的一种电子信息服务系统。在传统的互联网营销中，论坛社区始终是较为重要的推广平台。早期的目标用户一般都是从论坛社区中找到的，通过发掘、转化，提高用户的转化率，逐步打造品牌。

在论坛中进行直播推广，最重要的就是找准热门论坛，然后投放直播信息。比如搜狐社区、天涯社区、新浪论坛、百度贴吧、博客等都是热门论坛的代表。投放直播信息的步骤：首先，收录相关论坛；其次，在收集的论坛里注册账号；然后，撰写多篇包括直播推广内容的软文，保存好；最后，每天在这些热门论坛有选择性地发帖，做好相关记录，如果帖子沉了，用"马甲号"顶上。

想要让用户关注你的帖子，注意到你所推广的直播信息，就要多在论坛中与用户互动。互动多了，关于直播的内容就会渐渐走入用户的视野，相应的，直播也就得到了推广。

11.4.4　提取关键词的软文推广

软文推广主要是针对一些拥有较高文化水平和欣赏能力的用户，对于他们而言，文字所承载的深刻文化内涵是很重要的。所以软文推广对于各大营销行业来说很实用。在直播营销中，软文推广也是不可缺少的，而如何掌握软文推广技巧则是重中之重。随着硬广告渐渐退出历史舞台，软文推广的势头开始上涨，以后可能会占据主导地位。

比如当年的"必胜客""凡客诚品"都巧妙地通过软文推广宣传了口碑，有效提升了品牌的影响力，从而创下了惊人的销售业绩。当然，这都是因为他们掌握了一定的软文推广技巧，那么在软文直播推广中，我们应该怎么做呢？下面介绍两种软文直播推广的技巧。

（1）原创软文+关键词

原创是创造任何内容都需要的，软文直播推广更是少不了原创，原创更能吸引人们的兴趣。在直播营销推广中，关键词的选取是软文写作的核心。如何选取关键词也有相关的标准，如实用价值、略带争议、独特见解。

（2）热门网站+总结经验

有了优秀的软文推广内容，接下来就是找准平台发布软文推广直播信息，像一些人气高的网站往往就是软文发布的好去处，可在网站上与他人交流经验。

还可以将软文推广发布在博客论坛等平台，效果也还不错。当然，在网站上发布软文直播推广也有不少注意事项，笔者总结为3点，如图11-15所示。

发完直播推广软文之后总结经验也相当重要。比如用户喜欢哪一类软文、为什么有的软文没有达到预期效果、软文发布到哪个平台反响最好等。主播在平时的工作中多多总结并积累经验，会使软文推广效果越来越好，有助于推广直播信息，从而吸引更多用户观看。

图11-15　软文直播推广的注意事项

11.4.5　跨越平台进行联盟推广

对于直播运营来说，没有用户就没有影响力，因此吸引用户、提高人气是直播运营的生存之本。在进行直播时，创业者切不可只依赖单一的平台，在互联网中讲究的是"泛娱乐"战略，直播平台可以以内容定位为核心，向游戏、文学、音乐、影视等互联网产业延伸。

在"泛娱乐"战略下，直播平台可以实现跨新媒体平台和行业领域将自己创作的优质内容传播出去，使内容延伸到更加广泛的领域，吸引更多的粉丝关注。直播平台和主播可以借助各种新媒体平台，让内容与粉丝真正建立联系，同时这些新媒体还具有互动性和不受时间、空间限制的特点。

11.4.6　地推+直播的效果更好

地推（即地面推广）作为营销推广方式的一种，主要是利用实际生活中的地推活动获取更大的流量和曝光度，进而使推广效果最优化。打个比方，为了宣传一个品牌，你在学校做一场活动，主要是通过发传单或者做演讲的形式让路人了解。

这样的推广效果往往是很有限的，因为宣传的影响范围比较窄。但如果你在做活动的同时进行直播，就会有更多的人从网上了解这个活动，尽管他可能不会来到现场，但他通过直播知道了这件事，于是品牌在无形之中得到了推广。

地推是一种传统的推广方法，与直播相结合能够最大限度地发挥营销效果。那么"地推+直播"的模式优势到底体现在哪些方面呢？笔者总结为3点，即粉丝较多、参与度高、传播范围更广。

11.4.7　通过借势造势扩大影响

借势推广是抓住热点的一种推广方法，热点的传播速度就如同病毒蔓延一般，让人猝不及防。直播想要获得更多的浏览量，就需要借助热点事件的影响力。此外，"借势＋手机通知栏推广"模式也是一种较好的直播推广方法，值得各大主播借鉴和应用。除了借势推广，造势推广也是主播需要学会的推广技巧，造势的意思就是如果没有热点事件可以借势，就自己创造出热点事件，引起用户注意。

造势推广需要一个过程，首先在直播还没开始前就营造气氛，让用户知道这件事情，以便直播开始时有一定量的用户关注；其次是主题的确定，主播应该根据产品的特色来设计直播的主题；最后是通过透露消息来吸引用户，使用户心甘情愿地为直播买单。

直播造势推广的方法多种多样，最典型的就是众多大主播利用自身品牌、代言人等造势。因为其本身的存在就是一种势，在直播开始时，只要他有意营造氛围，自然就会夺人眼球。

例如，一位名叫"行走乡土"的主播利用淘宝直播官方平台吸引用户的关注。在直播没开始之前，淘宝首页就已经开始宣传，造势推广的效果很不错。图11-16所示为淘宝造势直播。

图11-16　淘宝造势直播

不管是借势推广还是造势推广都要主播付出一定的努力和心血，只有细心经营才能助力直播，使其变得火热起来，从而达到营销变现的目的。

第12章
14种变现：
不得不学的直播盈利模式

主播做直播的最终目的大都是变现获得收益，特别是一些直播网红，利用本身的强大号召力和粉丝基础，以直播内容打造自己的专属私域流量池，进行用户导流和商业变现。本章主要介绍直播流量变现的主要方式以及直播衍生的变现方式。

12.1 直播流量变现的方式

直播的一切步骤和措施的最终目的可能只有一个,那就是实现商业变现,那么直播的流量变现方式究竟有哪些呢?本节总结了直播流量变现的8种常见形式,比如买会员,让用户享受特殊服务;直播间打赏,让用户为主播的表现给出奖励。此外,还有主播任务、植入产品、付费观看等变现方式。

12.1.1 通过卖会员以特殊服务变现

会员是内容变现的主要方法,不仅在直播行业比较风行,在其他行业也早已经是发展得如火如荼,特别是各大视频平台的会员制,比如腾讯、哔哩哔哩、优酷、爱奇艺等。如今很多视频平台也涉足直播,于是他们将会员这一模式植入了直播之中,以此变现。

直播平台实行会员模式与视频平台实行会员模式有许多相似之处,其共同目的都是变现盈利。那么会员模式的价值有哪些呢?如图12-1所示。

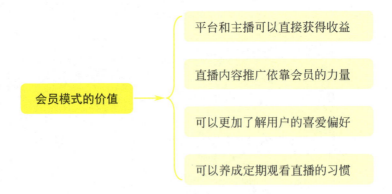

图12-1　会员模式的价值

平台采用会员制的原因在于主播获得打赏的资金所占比例较高,在一定程度上削弱了平台自身的利益,而会员模式无须与主播分成,所以盈利更为直接、高效。对于主播来说,可以通过微信来管理会员,针对付费会员开设专属直播间。

12.1.2 让粉丝卸下戒备心打赏主播

打赏是最原始也是最主要的变现模式。所谓打赏，就是指观看直播的用户通过金钱或者虚拟货币来表达自己对主播或者直播内容的喜爱的一种方式。这是一种新兴的鼓励付费的模式，用户可以自己决定要不要打赏。打赏已经成为直播平台和主播的主要收入来源，与微博、微信文章的打赏相比，视频直播中的打赏来得更快、收入更多，用户也比较冲动。

打赏与卖会员、VIP等强制性付费模式相比，是一种截然相反的主动性付费模式。当然，在直播中想要获得更多粉丝的付费鼓励，除了提供优质的直播内容外，也需要一定技巧。给主播打赏，有可能只是因为主播讲的一句话，或者是主播的颜值，或者是一个搞笑的行为。相比较而言，视频直播的打赏缺乏理性。同时这种打赏很大程度上也引导着直播平台和主播的内容发展方向。

图12-2所示为B站主播"小米童鞋"的直播详情，从直播互动和贡献榜中可以看到粉丝给她打赏的礼物以及具体的收益统计。

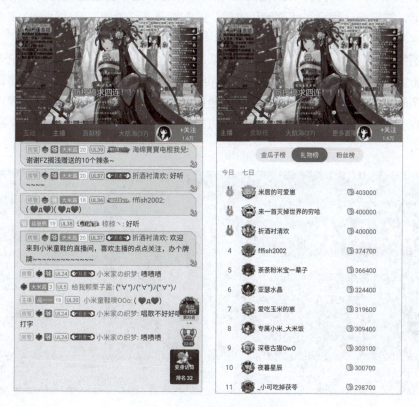

图12-2 "小米童鞋"的直播

粉丝付费鼓励与广告、电商等变现方式相比，用户体验更好，但收益无法控制，不过对于直播界的超级网红来说，这种方式可以短时间创造大量的收益。

12.1.3 通过付费观看内容实现变现

在直播领域，除了打赏、受众现场订购等与直播内容和产品有着间接关系的盈利变现外，还有一种与直播内容有着直接关系的盈利变现模式，那就是优质内容付费模式，粉丝交付一定的费用后观看直播。当然，这种盈利模式应该基于3个基本条件：有一定数量的粉丝；粉丝的忠诚度较强；有优质的直播内容。

在具备上述条件的情况下，直播平台和主播就可以尝试进行优质内容付费的盈利变现模式，它主要出现在有着自身公众号的直播内容中，是基于微信公众号文章的付费阅读模式发展而来的。

关于优质内容付费的盈利模式，在尽可能吸引受众注意的前提下，该模式主要可以分为3类，具体如下。

① 先免费，后付费。如果主播有着优质内容，但平台直播业务的开展还处于初创期，需要先让受众了解平台和主播，这就需要通过免费的方式让受众来关注直播内容和主播，积累起一定数量的粉丝，再推出付费的直播内容。

例如，近几年比较火热的在线教育就是这种付费模式，讲师先通过腾讯课堂等平台直播讲解基础入门的公开课知识，如果受众对该系列的课程感兴趣，想进一步深入了解和学习，就可联系相关老师，通过付费学习更深层次的VIP高级课程。图12-3所示为某教育机构的免费公开课直播详情；图12-4所示为付费VIP直播课程详情。

图12-3 免费公开课直播详情

第12章 14种变现：不得不学的直播盈利模式

图12-4　付费VIP直播课程详情

② 限时免费。直播平台和主播除了提供免费的直播内容外，有时还会提供另一种免费方式：限时免费。一般是直播平台设置免费的方式和时间范围，意在说明该直播内容不是一直免费的，有时会以付费的方式出现，提醒受众注意关注直播动态和主播。图12-5所示为限时免费的直播课程。

图12-5　限时免费的直播课程

③ 折扣付费。为了吸引受众关注，直播平台与日常商品一样，采取打折的方式。它能让受众感受到直播节目或课程原价与折扣价之间的差异，当原价设置得比较高时，受众一般会产生一种"内容应该很不错"的心理，然而又会因为它的高价而退却，而折扣优惠就提供给了那些想看直播的受众一个很好的机会。

201

图12-6所示为折扣付费的直播课程。

图12-6　折扣付费的直播课程

当然，如果想把付费观看直播这种变现模式发展壮大，则要保证直播内容的质量，这才是直播内容变现最重要的因素。

12.1.4　网红通过建立个人品牌变现

网红变现是一种以网红为核心的相关产业链延伸出来的一系列商业活动，其商业本质还是粉丝变现，即依靠粉丝的支持来获得各种收益。网红变现模式适合有颜值、极具辨识度的人设、专业的策划团队、精准粉丝群体的网红。

网红变现模式的方法主要有3种，具体内容如下。

①　卖个人的影响力。通过网红的影响力来对接广告合作、做品牌代言人、做产品的代购等方式进行变现。

②　建立网红孵化公司。大网红可以创建自己的公司或团队，通过培养新人主播，为他们提供完备的供应链和定制产品，孵化出更多的小网红，从而共同增强自身的变现能力。

③　打造个人品牌。网红通过建立自己的品牌，让自身影响力为品牌赋能，产生品牌效应，促进品牌产品或服务的销售。

例如，李子柒就是一个成功的例子，她通过拍各种做美食的视频吸引粉丝和流量，再利用专业的团队运营和商业包装，成功地打造和建立了个人品牌和IP，并利用自身品牌的影响力实现商业变现。图12-7所示为李子柒品牌的天猫官方旗舰店商品页面，从图中可以看出其销量十分火爆。

图 12-7 李子柒天猫官方旗舰店商品页面

12.1.5 通过植入商家产品广告变现

在直播领域，广告是最简单直接的变现方式，主播只需要在自己的平台或内容中植入商家的产品或广告，即可获得一笔不菲的收入，植入产品或广告变现模式适合拥有众多粉丝的直播节目和主播。

在直播中植入产品广告的变现模式主要包括以下两类，如图 12-8 所示。

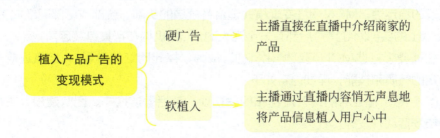

图 12-8 植入产品广告的变现模式

12.1.6 通过现场订购实现流量变现

对于一些有着自己产品的企业和商家来说,直播所产生的盈利变现主要还是集中于产品的销售,为直播吸引足够的流量,最后让流量转化为实际销量,这样的盈利变现模式就是受众现场订购模式。

现场订购模式适合有店铺、产品的商家,可以让自己变成主播,或者招募专业的主播以及跟网红主播进行合作,通过直播卖货增加产品销量。受众现场订购模式带给主播、企业和商家的是实际的现金流,而想要获得现金流就需要让受众下单购买产品。因此运营者有必要在直播中从以下两方面出发,设置吸睛点吸引用户下单。

① 在标题上设置吸睛点。加入一些直播中产品所能给你带来改变的词汇。例如,"早秋这样穿减龄10岁",其中"减龄10岁"明显就是一个吸睛点;在标题中展现产品的差异点和新奇点,如"不加一滴水的面包"。采用这种方法设置直播节目标题,可以在更大程度上吸引更多的受众关注,此时只要直播推广的产品品质优良,那么离受众下单订购就不远了。

② 在直播过程中设置吸睛点。这一方法同样可以通过两种途径来实现。一是尽可能地展现优质直播内容的重点和核心以及产品的优异之处,让受众在观看的过程中受到启发,从而现场下单订购。如在淘宝直播上,当服饰、美妆产品的实际效果展现出来的时候,其完美的形象和功效就会促使很多人下单,甚至可能产生一分钟之内多次下单的情况。二是当直播进行了一段时间后,间断性地发放优惠券或进行优惠折扣,这样可以促使还在犹豫的受众马上下单。

12.1.7 依靠MCN机构化运营变现

MCN是Multi-Channel Network的缩写,MCN模式来自国外成熟的网红运作,是一种多频道网络的产品形态,基于资本的大力支持生产专业化的内容,以保障变现的稳定性。MCN网红变现模式适合各领域的头部、腰部或尾部网红或主播,90%以上的头部网红其背后都有一个强大的MCN机构在帮其包装运营。

主播要想打造MCN网红孵化机构,成为"捧起网红的推手",自身还需要具备一定的特质和技能,详细内容如下。

① 熟悉直播业务的运营流程和相关事项,包括渠道推广、团队建设、主播培养、市场活动开发等。

② 熟悉艺人的运营管理,能够制定符合平台风格的艺人成长计划体系。

③ 善于维护直播平台资源,能够建立和优化直播的运营体系和相关机制。

④ 熟悉娱乐直播行业,对行业内的各项数据保持敏感,能够及时发现流行、时尚的事物。

随着新媒体的不断发展,用户对接收的内容和审美标准也有所提升,因此这也要求运营团队不断增强创作的专业性。由此,MCN模式逐渐成为一种标签化IP,单纯的个人创作很难形成有力的竞争优势。

加入MCN机构是提升直播内容质量的不二选择,关于加入MCN机构的好处主要有以下几点,如图12-9所示。

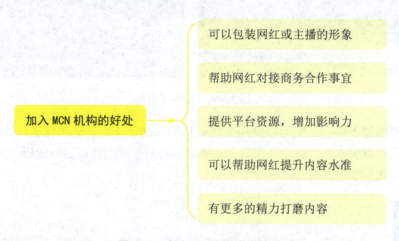

图12-9　加入MCN机构的好处

MCN模式的机构化运营对于直播内容的变现十分有利,但同时也要注意MCN机构的发展趋势,如果不紧跟潮流,就很有可能无法掌握其有利因素,从而难以实现理想的变现效果。

12.1.8　完成主播任务享受平台收益

有一些新的直播平台为了吸引主播入驻以及增加主播开播时间,通常会给主播提供一些有偿任务,主播完成任务后可以获得对应的平台扶持收益。主播任务变现的模式适合一些没有直播经验的新手。

例如,在抖音直播界面中,主播可以点击右上角的"主播任务"图标,查看当前可以做的任务,包括直播要求、奖励和进度,点击任务还可以查看具体的任务说明,如图12-10所示。

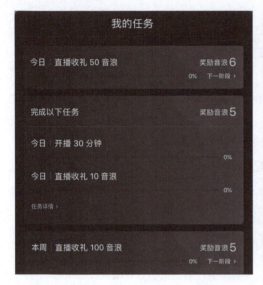 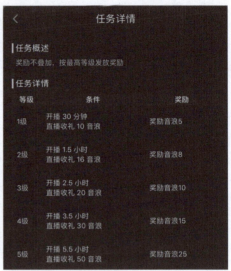

图 12-10　主播任务

在直播过程中，主播可以使用有趣的礼物互动玩法，调动粉丝送礼的积极性，增加自己的直播收入。直播结束后，主播可以对直播间的数据进行分析，为下一次直播做优化调整提供有效依据。

"音浪"是抖音平台上的虚拟货币，当前比例为 1 ∶ 10，即 1 元等于 10 音浪。需要注意的是，提现时还需要扣除一定的平台抽成。

12.2 直播衍生的变现方式

所有的直播营销其最终的目的都是变现，即利用各种方法吸引用户流量，让用户购买产品、参与直播活动，让流量变为销量，从而获得盈利。本节将向大家介绍几种直播衍生的变现方式，以供参考。

12.2.1 版权销售的变现收益非常大

版权销售这一内容变现模式大多应用于视频网站、音频平台等领域,对于直播而言,主要就在于各大直播平台在精心制作直播内容时引进的各种优质资源,比如电视节目版权、游戏版权等,而版权提供方则可以获得版权收入。

作为直播行业中势头发展一直稳健的游戏直播来说,各大赛事直播的版权都是十分宝贵的,不亚于体育赛事。只要谁拿到了版权,就可以吸引无数的粉丝前来观看直播,而且赛事的持续时间较长,可以为直播平台带来巨大的收益。

12.2.2 为企业提供技术的直播服务

企业宣传主要是指直播平台推广针对性的行业解决方案,为有推广需求的企业提供付费技术支持。直播平台可以提供专业的拍摄设备和摄像团队,帮助企业拍摄会议宣传、品牌推广、产品推广、活动宣传等直播服务,同时提供每场直播影像的数据分析服务,满足企业客户的更多需求。

例如云犀拍摄就是一个为客户提供一站式拍摄、直播及短视频制作的服务商,致力于为企事业单位提供高质量的实时影像服务,其合作流程如图12-11所示。

图12-11 云犀拍摄的企业合作流程

12.2.3 通过形象代言有偿推广品牌

形象代言变现模式是指主播通过有偿帮助企业或品牌传播商业信息,参与各种公关、促销和广告等活动的直播,帮助品牌促成产品的销售,并使品牌建立一定的口碑或美誉度。形象代言变现模式适合一些明星、商界大腕或者自媒体人等"大IP"。

形象代言变现模式的收益主要依赖于主播个人的商业价值,包括形象价值、粉丝价值、内容价值、传播价值等方面，这也是主播提升收入的关键因素。互联网上有很多明星商务交易平台都会对当下热门的明星和网红进行商业价值估算，主播可以将其作为参考目标，从各个方面来努力提升自己，如图12-12所示。

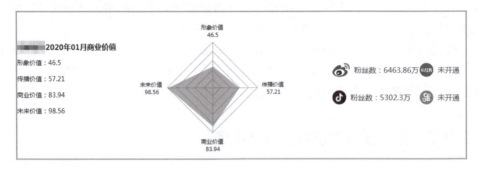

图12-12　明星和网红的商业价值估算

例如，李响和薇娅联袂推荐的泰国青尼榴莲在全网首发，这就是一个形象代言的变现模式，如图12-13所示。

图12-13　李响和薇娅联袂推荐的产品

> **专家提醒**
>
> 当"大IP"主播担任一个企业或品牌的形象代言人后，也需要在各种途径中维护品牌形象，为其快速扩展市场，以此证明自己的代言价值，而且还能使自己得到更好的发展。

12.2.4 通过购买游戏道具实现变现

相较于其他直播而言,游戏道具的盈利模式明显不同,那就是直播内容是免费的,但是当受众要参与其中成为游戏玩家而使用道具时,那就需要进行购买了,当然这也是游戏直播最大的盈利变现途径。

例如,图12-14所示为某游戏主播在哔哩哔哩直播平台的王者荣耀游戏直播,该直播向受众展示了英雄的皮肤特效,十分惊艳炫酷。玩过该游戏的玩家都知道,英雄皮肤不仅仅是好看,还有属性加成的作用,这大大激发了用户购买道具的兴趣。

图12-14 游戏直播中展示的游戏道具效果

直播可以激发游戏玩家购买道具,因为道具收费本来就是游戏中传统的收费模式,如今通过直播的方式直接呈现出使用了道具后的游戏效果,会给用户带来一种更直观的感受,让他更愿意去购买。

12.2.5 通过游戏广告来收取广告费

游戏广告变现模式是指主播通过直播某款游戏,或者在直播间放上游戏下载的二维码链接,给粉丝"种草",给游戏引流,同时获得一定的广告推广收入。游戏广告变现模式适合各种游戏"技术大神"、颜值高的美女主播以及游戏视频创作者。

在直播间推广游戏时,主播还需要掌握一些推广技巧,具体内容如下。

① 声音有辨识度。
② 清晰的叙事能力。
③ 策划直播脚本。
④ 直播内容可以更为垂直细分一些,尽可能去深耕一款游戏。内容越垂直,用户黏性就会越高,引流效果就越容易受到广告主的青睐。
⑤ 主播需要学会寻找聊天话题,与粉丝互动交流,提升粉丝的好感与积极性,活跃直播间气氛。
⑥ 主播还要认真安排每天的档期,努力坚持。

12.2.6　游戏联运的收入是充值提成

游戏联运是一种游戏联合运营的直播变现模式,即在自己的直播平台上运营游戏,由游戏厂商提供客户端、充值和客服系统等资源,主播提供直播内容和广告位等资源,双方针对某款游戏合作运营。由主播直播推广带来的玩家充值收入,按约定的比例进行分成。

游戏联运适合有钻研精神、喜欢研究游戏商业规律的人设型玩家,或者测评解说类直播达人,能够深入评测或者解说某款游戏的玩法和攻略。同时,这种模式还适合有游戏运营经验或者拥有较大流量主播资源的直播机构或公会。

游戏联运和游戏广告的操作方法比较类似,但收入形式差别比较大。游戏广告通常是一次性收入,对于主播的推广效果有一定的考验;游戏联运相当于主播自己成了游戏厂商的合伙人,可以获得玩家在游戏中的充值提成。